中国古代丧葬

赵芳 编著

中国商业出版社

图书在版编目（CIP）数据

中国古代丧葬／赵芳编著．－－北京：中国商业出版社，2015.5（2023.4重印）
ISBN 978-7-5044-8496-3

Ⅰ．①中… Ⅱ．①赵… Ⅲ．①葬俗-风俗习惯史-中国-古代 Ⅳ．①K892.22

中国版本图书馆CIP数据核字（2015）第117026号

责任编辑：刘洪涛

中国商业出版社出版发行
010-63180647　www.c-cbook.com
（100053 北京广安门内报国寺1号）
新华书店经销
三河市吉祥印务有限公司印刷
*
710毫米×1000毫米　16开　12.5印张　200千字
2015年5月第1版　2023年4月第3次印刷
定价：25.00元
* * *
（如有印装质量问题可更换）

《中国传统民俗文化》编委会

主　编	傅璇琮	著名学者，国务院古籍整理出版规划小组原秘书长，清华大学古典文献研究中心主任，中华书局原总编辑
顾　问	蔡尚思	历史学家，中国思想史研究专家
	卢燕新	南开大学文学院教授
	于　娇	泰国辅仁大学教育学博士
	张骁飞	郑州师范学院文学院副教授
	鞠　岩	中国海洋大学新闻与传播学院副教授，中国传统文化研究中心副主任
	王永波	四川省社会科学院文学研究所研究员
	叶　舟	清华大学、北京大学特聘教授
	于春芳	北京第二外国语学院副教授
	杨玲玲	西班牙文化大学文化与教育学博士
编　委	陈鑫海	首都师范大学中文系博士
	李　敏	北京语言大学古汉语古代文学博士
	韩　霞	山东教育基金会理事，作家
	陈　娇	山东大学哲学系讲师
	吴军辉	河北大学历史系讲师
策划及副主编		王　俊

序　言

　　中国是举世闻名的文明古国，在漫长的历史发展过程中，勤劳智慧的中国人创造了丰富多彩、绚丽多姿的文化。这些经过锤炼和沉淀的古代传统文化，凝聚着华夏各族人民的性格、精神和智慧，是中华民族相互认同的标志和纽带，在人类文化的百花园中摇曳生姿，展现着自己独特的风采，对人类文化的多样性发展做出了巨大贡献。中国传统民俗文化内容广博，风格独特，深深地吸引着世界人民的眼光。

　　正因如此，我们必须按照中央的要求，加强文化建设。2006年5月，时任浙江省委书记的习近平同志就已提出："文化通过传承为社会进步发挥基础作用，文化会促进或制约经济乃至整个社会的发展。"又说，"文化的力量最终可以转化为物质的力量，文化的软实力最终可以转化为经济的硬实力。"(《浙江文化研究工程成果文库总序》)2013年他去山东考察时，再次强调：中华民族伟大复兴，需要以中华文化发展繁荣为条件。

　　正因如此，我们应该对中华民族文化进行广阔、全面的检视。我们应该唤醒我们民族的集体记忆，复兴我们民族的伟大精神，发展和繁荣中华民族的优秀文化，为我们民族在强国之路上阔步前行创设先决条件。实现民族文化的复兴，必须传承中华文化的优秀传统。现代的中国人，特别是年轻人，对传统文化十分感兴趣，蕴含感情。但当下也有人对具体典籍、历史事实不甚了解。比如，中国是书法大国，谈起书法，有些人或许只知道些书法大家如王羲之、柳公权等的名字，知道《兰亭集序》

是千古书法珍品,仅此而已。

再如,我们都知道中国是闻名于世的瓷器大国,中国的瓷器令西方人叹为观止,中国也因此获得了"瓷器之国"(英语 china 的另一义即为瓷器)的美誉。然而关于瓷器的由来、形制的演变、纹饰的演化、烧制等瓷器文化的内涵,就知之甚少了。中国还是武术大国,然而国人的武术知识,或许更多来源于一部部精彩的武侠影视作品,对于真正的武术文化,我们也难以窥其堂奥。我国还是崇尚玉文化的国度,我们的祖先发现了这种"温润而有光泽的美石",并赋予了这种冰冷的自然物鲜活的生命力和文化性格,如"君子当温润如玉",女子应"冰清玉洁""守身如玉";"玉有五德",即"仁""义""智""勇""洁";等等。今天,熟悉这些玉文化内涵的国人也为数不多了。

也许正有鉴于此,有忧于此,近年来,已有不少有志之士开始了复兴中国传统文化的努力之路,读经热开始风靡海峡两岸,不少孩童以至成人开始重拾经典,在故纸旧书中品味古人的智慧,发现古文化历久弥新的魅力。电视讲坛里一拨又一拨对古文化的讲述,也吸引着数以万计的人,重新审视古文化的价值。现在放在读者面前的这套"中国传统民俗文化"丛书,也是这一努力的又一体现。我们现在确实应注重研究成果的学术价值和应用价值,充分发挥其认识世界、传承文化、创新理论、资政育人的重要作用。

中国的传统文化内容博大,体系庞杂,该如何下手,如何呈现?这套丛书处理得可谓系统性强,别具匠心。编者分别按物质文化、制度文化、精神文化等方面来分门别类地进行组织编写,例如,在物质文化的层面,就有纺织与印染、中国古代酒具、中国古代农具、中国古代青铜器、中国古代钱币、中国古代木雕、中国古代建筑、中国古代砖瓦、中国古代玉器、中国古代陶器、中国古代漆器、中国古代桥梁等;在精神文化的层面,就有中国古代书法、中国古代绘画、中国古代音乐、中国古代艺术、中国古代篆刻、中国古代家训、中国古代戏曲、中国古代版画等;在制度文化的层面,就有中国古代科举、中国古代官制、中国古代教育、中国古代军队、中国古代法律等。

　　此外,在历史的发展长河中,中国各行各业还涌现出一大批杰出人物,至今闪耀着夺目的光辉,以启迪后人,示范来者。对此,这套丛书也给予了应有的重视,中国古代名将、中国古代名相、中国古代名帝、中国古代文人、中国古代高僧等,就是这方面的体现。

　　生活在21世纪的我们,或许对古人的生活颇感兴趣,他们的吃穿住用如何,如何过节,如何安排婚丧嫁娶,如何交通出行,孩子如何玩耍等,这些饶有兴趣的内容,这套"中国传统民俗文化"丛书都有所涉猎。如中国古代婚姻、中国古代丧葬、中国古代节日、中国古代民俗、中国古代礼仪、中国古代饮食、中国古代交通、中国古代家具、中国古代玩具等,这些书籍介绍的都是人们颇感兴趣、平时却无从知晓的内容。

　　在经济生活的层面,这套丛书安排了中国古代农业、中国古代经济、中国古代贸易、中国古代水利、中国古代赋税等内容,足以勾勒出古代人经济生活的主要内容,让今人得以窥见自己祖先的经济生活情状。

　　在物质遗存方面,这套丛书则选择了中国古镇、中国古代楼阁、中国古代寺庙、中国古代陵墓、中国古塔、中国古代战场、中国古村落、中国古代宫殿、中国古代城墙等内容。相信读罢这些书,喜欢中国古代物质遗存的读者,已经能掌握这一领域的大多数知识了。

　　除了上述内容外,其实还有很多难以归类却饶有兴趣的内容,如中国古代乞丐这样的社会史内容,也许有助于我们深入了解这些古代社会底层民众的真实生活情状,走出武侠小说家加诸他们身上的虚幻的丐帮色彩,还原他们的本来面目,加深我们对历史真实性的了解。继承和发扬中华民族几千年创造的优秀文化和民族精神是我们责无旁贷的历史责任。

　　不难看出,单就内容所涵盖的范围广度来说,有物质遗产,有非物质遗产,还有国粹。这套丛书无疑当得起"中国传统文化的百科全书"的美誉。这套丛书还邀约大批相关的专家、教授参与并指导了稿件的编写工作。应当指出的是,这套丛书在写作过程中,既钩稽、爬梳大量古代文化文献典籍,又参照近人与今人的研究成果,将宏观把握与微观考察相结合。在论述、阐释中,既注意重点突出,又着重于论证层次清晰,从多角度、多层面对文化现象与发展加以考察。这套丛书的出版,有助于我们走进古人的世界,了解他们的生活,去回望我们来时的路。学史使人明智,历史的回眸,有助于我们汲取古人的智慧,借历史的明灯,照亮未来的路,为我们中华民族的伟大崛起添砖加瓦。

是为序。

傅璇琮

2014年2月8日

前 言

丧葬文化是我国传统文化的重要组成部分，是我国古代一种颇具特色的社会文化现象。我国的丧葬文化源远流长，内涵丰富，主要包括丧葬观念、丧葬礼俗和丧葬物化形态三个层次。

中国的丧葬文化包括三个方面：丧、葬、祭。春秋之前，丧葬活动是各个部落或氏族按照自己传承下来的丧葬习俗进行的，这在本书前两章中做了较为详细地介绍。春秋以后，由于周公"制礼作乐"，丧葬活动才逐步规范化和法律化。

自从汉明帝引进佛教以来的两千多年间，超度亡灵的活动一直是丧葬活动中最重要的组成部分。

中国有五十六个民族，丧葬礼仪上各有特点。近代，由于一些民族和汉族长期混居，丧葬礼仪基本上被汉族同化。本书选择了少数民族，对他们的丧葬习俗逐一做了介绍。

中国的帝王有六百多位，他们的丧葬活动是对《周礼》中丧事礼仪的最好诠释。每一座王陵，都是那个王朝兴衰的历史见证。本书收集到帝王陵墓的资料，对他们的生平、死后葬地、陵墓规制都做了介绍。读罢这些资料，对中国历史的演变、各个王朝的兴衰更迭会有一些了解。

在人类几千年的丧葬和祭祀活动中，充斥着不少封建迷信的糟粕，这是在封建社会的环境中和特定的文化背景下滋生出来的。我们要用批判的眼光去看待它，但不能用现代的标准去苛求古人。丧葬文化是儒教文化的重要组成部分，所提倡的道德伦理规范有相当一部分对现在的精神文明建设和建设和谐社会仍然具有积极意义。

本书不仅介绍了古代的思想观念、礼制风俗、丧葬观念和礼俗，而且还叙述了古代社会的演进过程。在书中，你可以了解：由于我国古代厚葬之风盛行，古人不仅修建了大量规模不一的墓葬，而且还把大量的财富埋进了坟墓。除金银珠宝以外，还有大量的生产工具、生活用具、工艺品，几乎无所不包，无所不有。从墓葬中，我们可以找出它所蕴含历史的、文化的、民俗的，乃至政治经济方面的丰富内涵，通过本书，我们可以感受到中国古代墓葬浓缩和凝聚的古代社会历史文化的精髓之光。

目录

第一章 丧葬习俗的起源

第一节 丧葬由来 …… 2
灵魂的产生 …… 2
灵魂的宗教和文化意义 …… 4
灵魂信仰导致丧葬出现 …… 5
丧葬的内涵与演进脉络 …… 7
厚葬：古代的主流丧葬观 …… 8
薄葬：闪烁着理性之光的丧葬观 …… 12
古人关于死的种种称谓 …… 17

第二节 古代丧具的演变 …… 22
古代葬具演变的等级化 …… 22
各式各样的丧具 …… 26
土棺 …… 27
革棺 …… 28
石棺 …… 29
瓮棺 …… 31
木棺 …… 33
船棺 …… 35

第二章　丧葬习俗

第一节　临终丧仪的基本仪式 …… 40

临终 …… 40

备寿衣、寿材 …… 40

临终守孝 …… 42

易箦（上床板） …… 43

属纩与初哭 …… 44

招魂（复） …… 45

备倒头饭，点随身灯，烧倒头纸，焚返魂香 …… 46

改服 …… 47

治棺 …… 48

第二节　等级森严的丧葬礼规 …… 49

死者棺椁的使用规定 …… 50

死者用鼎的规定 …… 51

死者的墓地规模 …… 51

其他丧葬礼规 …… 52

第三节　丧葬礼仪程序 …… 54

初终 …… 54

小殓 …… 55

大殓 …… 56

出殡 …… 57

下葬 …… 57

五服制度详解 …… 58

第四节 丧葬中的种种禁忌 ·· 60
禁忌的分类 ·· 61
治丧期间的禁忌 ·· 62
守丧期间的禁忌 ·· 64

第三章 古代安葬方式与葬法

第一节 常见的安葬方式 ·· 68
墓葬 ·· 68
火葬 ·· 71
水葬 ·· 77
天葬 ·· 78
悬棺葬 ·· 79

第二节 奇特的葬法 ·· 85
树葬 ·· 85
腹葬 ·· 89
野葬 ·· 90
塔葬 ·· 91
衣冠葬 ·· 93
割体葬 ·· 94

第四章 古代祭祀习俗

第一节 追悼亡灵的祭祀 ·· 98
祭祀的起源 ·· 98
传统祭祀 ·· 100

传统祭祀的祭品 ······ 104
祭品的处理方式 ······ 107

第二节　形形色色的祭祀风俗
纸马——云车风马 ······ 111
清明与上坟 ······ 116
中元节与盂兰盆会 ······ 117
羹饭为鬼食 ······ 119

第五章　古代墓葬与墓地

第一节　墓葬的起源和发展
坟墓的起源、演变 ······ 124
古代墓葬沧桑变迁 ······ 128

第二节　形态各异的墓式
至高无上的帝陵 ······ 133
民间各种墓式 ······ 135

第三节　墓葬制度和习俗
历史上的相墓术 ······ 141
墓地选择的风水观念 ······ 144
民间墓地选择的主要原则 ······ 148
民间的墓地选择方式 ······ 149
墓志与墓志铭 ······ 154
墓碑起源于丰碑 ······ 156
镇墓兽及其历史流变 ······ 158
事死如生的墓葬明器 ······ 164

形形色色的墓葬明器 ………………………… 168

历代墓葬棺椁制度流变 ……………………… 172

历代盗墓纵横谈 ……………………………… 178

参考书目 ……………………………………… 182

第一章

丧葬习俗的起源

　　今天我们常说,生老病死是一种自然的进程和规律,因为我们已经认识到了这是一个生命体不可改变的过程,是一种科学规律。然而,人类在童年阶段还不能从今天的科学角度去看待生老病死,他们依据自己的本能或有限的知识去认识生老病死,从而形成一些有别于其他动物的独特文化。死亡便是最让原始人类恐惧、但又不得不随时面对的现象,由此也形成了非常个性化和有意义的文化。这就是今天我们所统称的丧葬文化或丧葬习俗。

第一节
丧葬由来

灵魂的产生

一般人认为,丧葬习俗大都与信仰紧密相关。丧葬文化的形成,也包括丧葬习俗的不断演变,与人类的灵魂信仰密不可分。

做梦是人在睡眠时的一种奇妙的现象:人睡着后,完全停止了肉体的生命力和活动。然而就在这样一种状态中,人却可以完成甚至清醒时都无法完成的事情和各种愿望,比如进行战争、狩猎、捕鱼、采摘、管理,也可以从事各种娱乐活动,等等。这些本该在清醒时才能进行的事情或本不可能在现实生活中出现的情景,却在睡梦中轻而易举地变成了现实。而这一切并不依托肉体的自我,因为肉体的自我在做梦时没有任何作为。因此,古人相信,在冥冥之中有一种力量,一种看不见但却可以感受到的另一个

古老的墓葬

第一章 丧葬习俗的起源

宗教人士相信灵魂与来世

"自我"的存在。古人的信仰便是灵魂观念或灵魂信仰。

古人相信，灵魂可以独立于肉体之外存在。印度尼西亚的达雅克人相信灵魂是独立存在的，它们可以通过巫医手指上的鱼钩将灵魂钩住。一个人如果生病了，并不是机体受到了病菌的侵袭，而是灵魂离开肉体的出走，只有手指上带着鱼钩的巫医才能将灵魂钩住送回病人的体内，身体才能复原。招魂是一种古老的汉族习俗，流行于全国许多地方。《楚辞》《招魂》中就反复出现"魂兮归来"这样的呼唤。中国许多地方的人都相信，一个人尤其是小孩生病，比如常见的头疼脑热等，是因为灵魂受到惊吓。因此可以由家长带着来野外叫魂，一边喊着小名，一边将魂魄引回孩子的身体。他们相信，生病就是魂魄离开了身体，古人认为灵魂与肉体是可以分离的。

灵魂的宗教和文化意义

灵魂不仅是一种宗教现象，也是一种十分复杂而又古老的文化现象。比如基督教、佛教等都有类似灵魂的思想或观念。基督教就相信死后复活，《约翰福音》第五章说："行善的复活得生，作恶的复活定罪。"同时，基督教也相信永生。佛教虽然强调生老病死的"苦"，但也相信通过行善、积德和修炼，可以解除这种苦；佛教也相信轮回，相信地狱。这些现象说明，宗教中存在着类似我们今天所说的灵魂信仰。同时，灵魂也是一种复杂而又古老的文化现象。说它复杂，是因为不同民族和地区的人们对于灵魂的解释是不一样的，关于灵魂的由来、去向，它的存在，它与人、神、动物、植物之间的关系究竟如何，没有人可以说清楚。而说它古老，则是因为在几万年甚至几十万年之前，有关灵魂的信仰，便在人类的一些文化形态中得到了表达。这种表达，在丧葬习俗上表现得尤其明显和直观，它表明有关灵魂以及灵魂信仰与丧葬习俗是紧密联系在一起的。

众所周知，从原始社会开始，人们就相信人是有灵魂的，至今，也有不少人仍然坚持这种观点。在原始人看来，人是由肉体形态和非肉体形态构成的。肉体的部分，人自身是可以看到的，但是非肉体的部分，是无法察觉的。事实上，从某个方面来说，非肉体的部分比肉体的部分更重要。因为只有肉体没有精神，人是无法存活的。古人认为所有的动植物也是有肉体和非肉体形态。英国文化人类学家泰勒将这种所有的动植物及人类普遍存在的灵肉可以分离的信仰，称为"万物有灵论"。事实上，灵魂观念以及灵魂

人死后有灵魂存在吗

信仰是古人在生产力极其低下以及对世界、对自我认识非常有限的基础上形成的对生命想象的看法，缺乏科学依据。

灵魂信仰导致丧葬出现

灵肉可以分离，灵魂可以不依赖肉体而存在。因此，没有任何理由认为，灵魂会与肉体一样随着人的死亡而消失。在古人的想象中，灵魂在肉体死亡之后以另一种人类看不见的形式永恒存在，并且对人类保持着影响。中国人关于灵魂护佑或祖先庇护的信仰或观念，就由此生发而来。恩格斯说："在远古时代，人们还完全不知道自己身体的构造，并且受梦中景象的影响，于是就产生一种观念：他们的思维和感觉不是他们身体的活动，而是一种独特的、寓于这个身体之中而在人死亡时就离开身体的灵魂的活动。从这个时候起，人们不得不思考这种灵魂对外部世界的关系。既然灵魂在人死时离开肉体而继续活着，那么就没有任何理由去设想它本身还会死亡；这样就产生了灵魂不死的观念"。恩格斯这段著名的论述告诉我们，在科学技术和生产力极其低下的古代社会里，人们认为灵魂是不死的。既然灵魂是不死的，人们就必须善待灵魂；要善待灵魂，同样必须善待原来灵魂的寄生肉体。因为，善待了灵魂的肉体，可以让灵魂获得安慰，灵魂得到了安慰就能使活着的人得到平安和护佑。正是在这种灵魂信仰，尤其是灵魂不死信仰的支配下，对于死者开始了有意识的保护并摒弃了更原始的弃尸方式，最原始的丧葬文化或习俗就产生了。

考古发现，原始的埋葬与灵魂信仰或灵魂不死的观念有着直接的关系。正是这种信仰，形成了考古发现中有关丧葬文化灵魂信仰的解释。在离现在10万年左右的欧洲旧石器时代中期，已有了人类有意识的埋葬。到旧石器时代晚期，有意识地埋葬死者已是普遍的习俗。在欧洲除了用石头围葬死者外，还有随葬品和合葬墓。凡此种种都说明埋葬是有意识的。因在法国南部加龙

死亡是另一种新生

河上游图卢兹附近的奥瑞纳克山洞发现而得名的奥瑞纳文化，属于旧石器时代晚期，他们对尸体进行特殊处理的方式是将之染成彩色，这种方式与距今1.8万多年前的北京周口店山顶洞人下室中的埋葬文化有着极其相似的地方。山顶洞人将人居住的上室与埋葬所用的下室区分开来，在这一区域除发现三具完整的人头骨和一些躯干外，在人骨的周围散布着赤铁矿的粉末及一些随葬品。这一现象说明，至少在山顶洞人时期，两个世界的观念已经产生，而随葬品的出现毫无疑问地表明，原始人对来世有着一种强烈的期待，这是灵魂观念或灵魂信仰支配下的一种丧葬习俗。

上述现象表明，人类在很早的时候就已经相信灵魂观念或灵魂信仰，并将这种观念或信仰通过习俗形式加以表达：尸体的特殊处理方式和随葬品的出现，便是对灵魂的安慰和对于到达另一个世界的亲人的生活安排。"若不是灵魂或灵魂不死观念使然，则断难出现具有模拟现实需要的丧葬方式"。这也说明，正是灵魂观念或灵魂信仰引发了丧葬习俗，而丧葬只不过是对这种信仰的世俗化表演。

丧葬的内涵与演进脉络

1. 说文解字论丧葬

丧葬习俗包括丧与葬两个方面的内容，丧是亲人去世后相关的治丧仪式，葬是对死者的埋葬及其方法。

单从字面意思来看，丧，《说文解字》说"亡也，从哭，从亡"。亡是什么意思呢？亡是逃，今天我们还说逃亡。实际上，按人们今天的理解，丧就是离开。原始人看见自己的亲人一个个死亡，但却不知道他们为什么死亡。他们以为这是一种离开，一种灵魂的离开。于是原始人将死亡就叫作"丧"。孔子说："视死如生，视亡如存。"意思便是要人们对待死者要像对待生者一样，对待亡者要像对待活着时的人一样。丧不仅指离开，后来也指死亡之后一系列对待死者的态度和相关的文化。包括最初的祈求死者复生、按照人们的习惯对死者进行各种有序的安葬仪式等。

葬，《说文解字》说"藏也，从死"。指藏起来，用什么藏？把死者用草上下遮盖起来，所以，葬字上下皆为草，今人的"廿"字头的草，即为古文的"艸"。后来有一异体字"塟"，是在土上面将死者用草遮盖起来，其意是一样的。我们今天说的埋葬，就是用土将死者埋葬，也是一种"藏"。所以，葬是在进行了一系列丧的仪式后，将尸体掩埋的各种处理方法。比如土葬是用土将死者埋藏起来。

与丧葬密不可分的还有一种相关的文化形态，就是祭祀。所以，古礼当中，既有丧礼，又有葬礼，还有祭礼。但今天，祭祀已经越来越多地融入了丧与葬的过程中，成为丧葬的一种辅助形式。不过，在很多地方，丧葬结束后很长一段时间，人们依然通过祭祀来表达对死去亲人的怀念。

2. 丧葬的现代含义

从上述解释可知，丧葬是对死者的一种文化处理方式和方法。这种方式和方法，随着历史的发展、人类对于死亡文化的重视以及人类信仰因素的加码，进而变得越来越烦琐和复杂。一方面是仪式越来越烦琐复杂，从对待将死之人，到刚死之后再到死亡后埋葬前以及埋葬之后的七天、十四天及四十九天、一年、三年等都有不同的仪式和文化规定；另外一方面是埋葬的方法也随着历史的发展，在不同地区、不同民族形成了多种多样形态各异的方式，除了用草的原始方式之外，主要的有用土，再后来还有用火、用水，形成了所谓的土葬、水葬、火葬、树葬、天葬、悬棺葬等多种葬法。人们根据自己的信仰、意愿和传统来选择最后归宿的处理方式。

从今天已掌握的资料来看，丧葬是古人在自己的本能理解和原始信仰基础上形成的对死亡文化的认识以及一系列对死者的处理方式，而这些处理方式总是与信仰紧密地结合在一起，即使在当下的丧葬习俗中也没有例外。

厚葬：古代的主流丧葬观

厚葬的观念在中国丧葬文化中一直占绝对支配的地位，是古代中国的主流丧葬观。自新石器时代至清末民国，厚葬之风绵延不断，其间，经历了商周、秦汉、唐宋和明清四大高潮。厚葬观之所以在古代中国占绝对优势，主导中国古代的丧葬民俗，它与古代中国的宗教信仰、伦理道德、政治和经济制度等有着极为密切的联系。

首先，从宗教信仰的角度看，中国传统的"灵魂不灭"观念一直支配着古人的心灵。"灵魂不灭"观认为，人死后灵魂不灭，仍能祸福子孙后代，预示世事。在这种观念支配下，古人为了寻求死去祖先和亲人的保佑，于是十分重视死去祖先和亲人的丧葬，顶礼膜拜，竭尽全力供奉先人的灵魂和尸骨。

早在新石器时代，为照顾先人阴间的衣食住行，就开始随葬大量的生活用品和生产工具。到了夏商周，"灵魂不灭"观念盛行不衰，为了侍奉神鬼，除了随葬精美丰厚的随葬品外，更是追求高大的墓室，甚至大量使用奴隶殉葬。他们相信人有灵魂，死后还要到另一个世界生活，所以要为他们送去一大批生前供差遣的佣人，掀起了我国厚葬的第一个高潮。到了秦汉时期，传统的"灵魂不灭"观念又有进一步的发展，祖先崇拜和鬼神崇拜的观念渗透到社会各个方面，相信人死后灵魂不灭，还会在另一个世界里继续生活，所以从上到下，崇尚厚葬。秦汉帝王的厚葬现象就十分突出。据文献记载，始皇陵高50丈（约115米），占地50多平方公里，前后修了39年；汉武帝茂陵不仅规模宏大，且建筑豪华，随葬珍品之丰富也十分惊人。除帝陵外，皇室贵族和小地主之墓也十分奢侈，从长沙马王堆、满城汉墓等可见一斑。唐宋时期，人们笃信灵魂不灭、鬼神存在，厚葬之风增而不减。唐太宗昭陵陵园周长60公里，面积达2公顷，其壮观为历代帝陵所无法比拟的。陵园中建有房舍游殿，供唐太宗灵魂游乐之用。唐代其他帝陵也十分宏大奢侈。在帝陵豪奢之风影响下，全国上下厚葬之风日盛，大有超越秦汉之势。宋代亦盛行厚葬，厚葬之俗，甚至超越唐代。明清时期，除了上层以外，民间厚葬之风已很普及，这也说明了中国传统的"灵魂不灭"观念仍然顽强地占据着人们的心灵。

其次，从伦理道德的角度看，儒家倡导的"孝道观念"一直强烈地影响着人们的厚葬观念。儒家强调"事死如生、事亡如存"和"慎终追远"。先秦儒家把"孝道"视为丧葬观的基本内核，认为厚葬才是尽孝，才符合礼。《荀子·礼论》曰："使生死如终若一，一足已为人愿，是先王之道，忠臣孝子之报也。送以哀敬，而终周藏也。故葬埋，敬藏其形也。祭祀，饰终也。"先秦儒家倡导的"孝道""厚葬"对以后数千年的中国丧葬观产生了深远的影响。秦汉时期，儒家的孝道观念风靡上下，深入人心，从而对当时的丧葬观念产生了巨大的影响。厚葬之风愈演愈烈，世人"今生不能致其爱敬，死以奢侈相高；虽无哀戚之心，而厚葬重币者则称以为孝，显名立于世，光荣

秦兵马俑就是秦王的随葬品

著于俗。故黎民相慕效,至于发屋卖业"。(《盐铁论·散不足》)。唐宋元明清时期,儒家的孝道观念日趋政治化,皆以"孝"治天下,在丧葬中奉行先秦以来"事死如生,事亡如存"的孝道观,把丧葬视为人生中最重要的大事。宋人李觏说:"死者人之终也,不可以不厚也,于是为之衣衾棺椁,衰麻哭踊,以奉死丧。"程颐也认为丧葬为"礼之大者"。正因为这一时期把丧葬厚薄视为孝与不孝的重要标志,所以上层和民间都盛行厚葬之风,以博得"孝"的美名。

最后,各时期的政治和经济制度也对厚葬观产生了重要的影响。丧葬的对象是死人,但丧葬活动的主体是现实中的活人。丧葬观念事实上就是现实中活人的世界观的一种反映。因此,现实中的活人的丧葬观念不可避免地受到当时社会政治环境的影响。

周礼在丧葬上规定:天子九鼎八簋、诸侯七鼎六簋、大夫五鼎四簋和士

第一章 丧葬习俗的起源

三鼎二簋。与其说这是对死者的倒不如说是对活人的，是为了保护奴隶主统治的政治秩序。到了春秋战国时期，社会处在深刻的变革之中，各国的诸侯、大夫为了显示自己的地位、强大和富有，竞相经营陵墓。在丧葬上，普遍逾礼。在丧葬礼器上（尤其在用鼎制度上），突破了周礼的规定，甚至平民墓中使用礼器也已十分普及；在用椁上，也突破了周礼的规定：天子棺椁四重，诸侯、大夫、士依此类减；天子柏椁、君（诸侯）松椁、士杂木椁。甚至本来规定平民不可以用木椁，到了这时候一些富裕起来的平民也凭借自己的经济力量竞用木椁了。在丧葬上普遍逾礼的结果是厚葬之风盛行。

秦汉以来的历代帝王，几乎无不大兴土木，竭天下之财力，营建自己的陵园墓地。宏伟的建筑、坚固的地宫、豪华的随葬品、繁缛的帝陵礼制等，除了他们信奉灵魂不死，使死后仍能享受人间的欢乐外，一个重要的原因是为了推崇皇权和维护等级制度，宣传皇权至高无上的威严，达到巩固封建统治的目的。所以厚葬实际上也成为封建社会政治生活中的重要内容，上行下效，历代皇室贵族、中小官僚、一般地主和富商巨贾，甚至一般的庶民百姓，也竞相效仿。

中国古代以科举形式取仕，科举考核的一个重要内容就是儒家的"孝"和"礼"，按《孝经》认为："夫孝，始于事亲，中于事君，终于立身。"秦汉以来历朝皇帝皆号称以孝治天下。在统治者看来，孝道是人伦之本，是德教的基础，甚至抬到了"天道"的高度。为官取仕前提之一必须有"孝"德，因此汉代有"举孝廉"，以后历代统治者都强调把"孝"作为科举取仕的一个重要标准。为此，历朝的地主阶级知识分子都重视培养自己的"孝"德。"孝莫重于丧"，所以许多人为了博得"孝"的美名，在父母死去时，在丧葬上竭尽全力，厚葬祖先亲人，并按封建礼教的规定，穿孝服，不仕，不近女色，含辛茹苦地度过三年居丧生活。

此外，厚葬与生产力和经济发展的水平有着密切的关系。历史上的每一个厚葬高潮都建立在社会相对稳定、生产力较为发展和社会财富相对富足的基础上。商周、秦汉、唐宋和明清时期无不如此。相反，历史上的动荡时期，如魏晋南北朝时期，社会不稳定，皇权衰弱，社会经济凋敝，民不聊生。在这种情况下，一方面因没有足够的财富而无法厚葬，另一方面又担心被盗墓而不敢厚葬。

总之，厚葬是我国古代的主流丧葬观，其形成、发展和持久与古代宗教意识、伦理道德、政治和经济有着不可分割的联系。

薄葬： 闪烁着理性之光的丧葬观

在中国古代的丧葬观念文化中，与厚葬观相对立的另一种丧葬观即是先秦以来的薄葬观，虽然它在中国古代的丧葬文化中是非主流的，但其代表着一种新的世界观，代表着一种新颖而深刻的生死观，给传统的丧葬观念文化注入了理性之光，预示着中国丧葬文化发展的必然趋势和归宿，具有十分深远的历史意义。

薄葬观念源于两个方面：一是西周以来朴素的无神论思想发展，从"神本"走向"人本"，传统的灵魂不灭观念已经受到了一部分有远见的思想家的怀疑；二是商周以来厚葬之风异化的结果。厚葬之风的盛行，造成大量财富浪费，民不聊生，经济凋敝。于是一部分有先进思想的政治家、

曹操的薄葬言行产生了积极影响

思想家从利国利民和节俭的角度开始对社会上崇尚的厚葬风习进行抨击。

早在春秋战国时，先秦诸子就响亮地喊出薄葬口号。

孔子固然在丧葬上强调孝道，但其主观上和行动上并不主张崇尚物质的厚葬观。他认为，丧葬的孝道礼节，主要不在于物质上的奢侈豪华，而在于精神上是否至诚至戚。他在《论语·八佾篇》上说："礼，与其奢也，宁俭。丧，与其易也，宁戚。"在《礼记·问丧篇》中也说："丧礼唯哀为主矣。"孔子不仅在主观上主张薄葬，在对待其父母和弟子的丧葬上也是身体力行。据载，孔子亲生父母死后，他将他们葬于防这个地方，墓封土仅高四尺，合葬墓建成后不久，一场大雨将墓冲毁了，孔子知道后非常伤心，只说："吾闻之，古不修墓。"于是就没有再整修其父母的墓。孔子的得意门生颜渊死后，孔子非常悲伤。其他弟子提出要厚葬颜渊，孔子坚决不同意。他说，颜渊家穷，不应该超出经济条件进行厚葬。孔子的薄葬观，对后世薄葬思想的发展具有重要意义。

墨家也积极倡导薄葬，这主要体现在《墨子·节葬》中。墨子淋漓尽致地揭露了社会上流行的厚葬久丧习俗：棺椁必重，葬埋必厚，衣衾必多，文绣必繁；存乎匹夫、贱人死者，殆竭家重，（存）乎诸侯死者，虚车府，然后金玉珠几比乎身，伦组节约，车马藏乎塘，又必多为屋幕，鼎、鼓、几梃、壶滥、戈、剑、羽旄、齿、革，寝而埋之……天子杀殉，众者数百，寡者数十。将军、大夫杀殉，众者数十，寡者数人。墨子认为厚葬久丧，必然造成国力衰竭，人民贫困，社会动荡。所以他极力主张统治阶级要像古代圣王一样，在宫室、饮食、衣饰和婚丧方面要节制。可见，墨子的薄葬观主要基于利民思想和节俭观念。作为战国时期小生产者思想代表的墨子提出"节葬"的思想，表达了社会中下层民众对当时厚葬陋习的不满，并幻想用传说中的圣王时代的薄葬来矫正社会上流行的厚葬风气。无疑，墨子的薄葬观具有积极的意义。

秦汉时期是我国历史上第二次厚葬高潮。但与此同时，以刘向、王充和王符等一批思想家、政治家为代表的薄葬思想得到了进一步发展。

刘向（公元前77—前6年），本名更生，字子政。据《汉书》本传记载，刘向针对秦汉时期厚葬盛行的弊端，竭力倡导薄葬，在向皇帝的奏状中，他利用先秦墨子托古薄葬的方法力劝皇帝能够"去坟薄葬，以俭安神"。他进谏说，大凡古代的圣帝、明主、贤君和智士皆尚薄葬。易曰："古之葬者，厚衣之以薪，藏之中野，不封不树，后世圣人易之以棺椁。棺椁之作，自黄帝始。黄帝葬于桥山，尧葬济阴，丘垅皆小，葬具甚微。舜葬苍悟，二妃不从。禹葬会稽，不改其列，殷汤无葬处。文、武、周公葬于毕……皆无丘垅之处。此圣帝明王贤君智士远览独虑无穷之计也，其贤臣孝子亦承命顺意而薄葬之。"他还利用阖闾、秦惠文王、秦武王和秦始皇等墓因厚葬而被后世盗掘的历史事实劝导皇帝推行薄葬。可见，刘向是基于维护统治阶级的地位和社稷的安危而倡导薄葬。

王充（公元27—97年），字仲任，会稽上虞人。东汉著名的唯物主义思想家，无神论者。其薄葬观主要体现在其著作《论衡》一书中。其中有关"无鬼论—薄葬论"的观点，集中在《论死》《死伪》《订鬼》《薄葬》等篇。王充否定人死灵魂独立存在而为鬼的观点，坚信人死神灭。王充认为社会上之所以盛行厚葬恶习，一个重要的原因在于"死人有知"。所以要铲除厚葬恶习，首先让人们明白"死人不为鬼，无知，不能害人"和"厚葬无益"的道理。他从唯物论的观点出发，利用大量事实依据，对历史上鬼神论进行了尖锐而有力的抨击，"人死血脉竭，竭而精气灭，灭而形体朽，朽而成灰土，何用为鬼"？"夫死，骨朽筋力绝，手足不举……何以能害人也"？同时，他批评了墨家"薄葬而又右鬼"的错误，另一方面也批评了儒家"赙祭备物"的主张，抨击了"畏死不惧义，重死不顾生，竭财以事神，空家以送终"的世俗观念。从而为其薄葬论奠定了理论依据，提出了"圣贤之业，皆以薄葬省用为务"的薄葬观，希望世人皆尚之。

王符（约公元85—163年），东汉后期著名的思想家。东汉后期，政治腐败，经济凋敝，厚葬之风却愈演愈烈。当时，京师的皇族贵戚，地方上富豪大户，乃至中小地主，都崇尚厚葬。金镂玉衣、梓木棺椁、巨冢大墓、松柏庐舍、珍宝车马，竞相效仿。针对当时的厚葬之风，王符认为长此以往，"则国危矣"。他认为，厚葬不是孝悌之真谛，也不是百姓之本性，希望统治者从关心国泰民安的角度身体力行，改变崇尚厚葬的世风。

此外，西汉的张临、朱云、龚胜，东汉的祭遵、王堂、羊续、樊宏、周馨、赵咨、何熙、崔瑗、马融、卢植、张奂、孔僖、符融、范冉等都主张薄葬。这对于厚葬成风的秦汉社会，无疑是一阵清新之风！

魏晋南北朝时期是我国历史上较为难得的薄葬时期，之所以如此，除了社会动荡、经济凋敝这一基本原因外，与当时薄葬思想的发展有着密切的关系。曹氏父子可谓这一时期薄葬观的代表。

曹操是东汉末年一位杰出的政治家，为了增强国力，统一天下，他对秦汉以来各种社会时弊进行改革，其中一个重要的方面就是对厚葬陋习的矫正。公元205年，他下令革除厚葬，并严禁在墓前立碑。他身体力行，率先薄葬。据《三国志》载，公元220年病死，死前下诏："天下尚未安定，未得遵古也。葬毕，皆除服。其将兵屯戍者，皆不得离屯部。有司各率乃职，敛以时服，无藏金玉珍宝。"作为一代枭雄，在当时厚葬之风盛行的情况下，有如此开明的薄葬言行，实在难能可贵。

子承父志，魏文帝曹丕也积极倡导薄葬。据《三国志》载，公元222年，他择洛阳首阳山东麓为陵地，并下诏规定："寿陵因山为体，无为封树，元立寝殿，造圆邑，通神道……为棺椁足以朽骨，衣衾足以朽肉而已……无施苇炭，无藏金银铜铁，一以瓦器……棺但漆际会三过，饭含无以珠玉，无施珠襦玉匣，诸愚俗所为也。"

曹氏父子的薄葬言行对曹魏时期的丧事从简产生了积极的作用，一些贵戚、大臣也效仿曹氏父子，实行薄葬。晋袭曹魏，晋宣帝司马懿、晋景帝、晋文帝也实行薄葬，东晋帝后的葬礼也大多实行薄葬。在帝王薄葬的推动下，士大夫们也仿效薄葬,上行下效,民间薄葬之风渐成。

隋唐以后,虽然厚葬之风又起,但是与其对立的薄葬思想也得到了继续发展,代表人有宋代的宋祁和晏殊、元代的谢应芳和清代的黄宗羲等。

宋祁,北宋时官拜翰林学士承旨。曾作《治戒》一文,告诫家人他死后:"三日棺,三日葬,慎无为流俗阴阳拘忌也……掘冢深三丈,小为冢室,劣取容棺及明器……惟简惟俭,无以金铜杂物置中。"宋祁倡导薄葬,相对当时厚葬之风来说,非常难能可贵!

晏殊,北宋仁宗时累官同中书门下平章事。他平居好贤,及为丞相,奉养清俭。在丧葬观上,他主张薄葬,临终前遗言薄葬,死后安葬在阳翟(今河南禹县)。宋元祐年间,其墓也被盗掘。墓坑内除数十件陶器外,没有一件值钱的东西。盗墓者大失所望,劈开棺木,想盗走死者生前曾使用过的金带。待砸开棺木一看,晏殊的入葬"金带",竟是用木片制成的。晏殊作为一朝丞相,崇尚薄葬,且身体力行,实属不易!(宋人邵博《邵氏闻见后录》)

谢应芳,元代无神论思想家,不信鬼神,因此反对厚葬。在其所著《辨惑编》中,对厚葬弊端进行了无情的批驳,他认为丧葬祭礼活动是无聊之举,主张破除迷信,丧事从简。

黄宗羲,清初杰出的思想家,在其《葬制或问》和《梨洲末命》等文中,他极力推崇古代的薄葬者,赞赏汉代杨王孙等人的薄葬观,并吩咐家人,他死后,次日下葬,一被一褥,不得增益。

与黄宗羲同时代的陈确,也是清代著名的唯物主义思想家,他在《葬书》一书中,力主丧事从简,量力而行,"贫有贫之养,则贫亦有贫之葬,俭丧也。夫俭非薄也,礼所不当为,力所不能力者,吾不强为焉之谓俭也"。

黄宗羲和陈确的薄葬观,针对清代的厚葬的世风而发,是对当时的厚葬流弊的一种反抗,无疑具有积极意义。

第一章 丧葬习俗的起源

古人关于死的种种称谓

我国古代的丧葬礼仪,一开始便具有等级制、宗法制和功利主义色彩,这是儒家创导的礼治教化的需要,通过礼治教化来建立和维护整个社会的人伦政治体系。不仅在棺椁、衣食、品物等丧葬礼仪上如此,就是在一个人生命结束时"死"的称谓上也是如此,我国古代对不同等级、不同血亲关系、不同社会贡献的人的"死",有不同的称谓。此外,古人避讳"死"的称呼,对"死"又有许多婉转的称呼。

1. 不同等级对死的称谓

儒家和历代统治者在丧制中都依死者的贵贱等级身份做了严格的规定,等级森严,具有强烈的阶级性。同是一死,由于死者的身份的不同而有不同的称呼。《礼记·曲礼下》云:"天子死曰崩,诸侯死曰薨,大夫曰卒,士曰不禄,庶人曰死。"具体来说,就是:

天子和皇帝去世,称"崩"或"驾崩"。"崩"就像天塌下来一样,形容皇帝权威和重要。

诸侯和二品以上官员去世,称为"薨"。"薨"似天崩以后的余声,形容诸侯和二品以上官员地位卑于天子和皇帝。

大夫和五品以上官员去世,称为"卒",因为大夫和五品以上的官员是有德行、有地位的人,终结了生平,就是"卒"——结束。

士和六品以上的官员去世,称为"不禄"。士和六品以上的官不从事农耕,而是靠吃皇帝和国家食禄度生的,去世意味着不再食禄,故称"不禄"。

庶民和老百姓去世称"死"。"死"就是"澌",即消尽无余之日,黎民百姓命贱,生前无美名,死后也不能流芳万世,身名俱尽,所以称"死"。

在这里,贵贱身份的差异是何等强烈!儒家和历代统治者之所以对不同身份人的"死"冠以不同的称呼，就是为了区别尊卑，建立和维护等级贵贱的人伦政治秩序。从商周到唐宋之前，历代礼法大多依此而定，只是稍有变化。

唐代《开元礼》规定，百官去世，三品以上的称"薨"，五品以上的称"卒"，六品以下至黎民百姓称"死"。

帝王的随葬品

宋代《司马氏书仪》称：凡是高官去世，称"薨逝"或"捐馆"，凡是中小官吏去世，称"倾逝"。

明代《明会典》规定：凡是高官去世，称"薨逝"，中等官员去世称"捐馆"。

从历代礼法丧制在"死"这一称谓上如此讲究可以看出，封建社会贵贱尊卑的等级差异是何等的强烈。

2. 不同的死亡方式对死的称谓

我国古代民间对不同的人、不同的死亡方式也有不同的称呼：

父母去世，称"私艰"。

妻子去世，称"私丧"。

死于外地，称"客死"。

不到寿辰而死，称"早死""早世""夭折""凶短折"。

未成年而死，称"殇"。按古礼，8~11岁死称"殇"；11~15岁死，称"中殇"；16~19岁死，称"长殇"。

因衰老而自然死亡，称"善终"。

保持善名而死，称"令终"。

为正义事业献出生命，称"成仁""捐躯""授命"。

舍弃生命，称"捐生"。

上吊自尽，称"自缢""投缳"。

服毒自尽，称"仰毒""仰药"。

被杀而死，称"授首"。

3. 对死的避讳称谓

此外，古人在谈到别人"死"时，都不愿直说，采取一种婉转的说法，即讳"死"。自古以来，讳死有许多巧妙的表述方法。

病：孔子将要死时，他的弟子子贡不忍心说老师大概要死了，便说："夫子殆将病也！"子贡话中的"病"，就是死的一种讳言。

就木：就木是进入棺材的意思，是"死"的讳言。春秋时期，晋公子重耳流亡国外，在狄国娶季隗为妻。后来，重耳要离狄国去齐国，告别季隗时说："待我二十五年，不来而后嫁。"季隗回答说："我二十五年矣，又如是而嫁，则就木焉，请待子。"

见背：即背离而去，也就是死的意思。李密在《陈情表》中，叙述自己从小就死了父亲，说"生孩六月，慈父见背"。

弃养：父母去世的婉称。意思是子女奉养父母，若父母去世，则不得奉养。

山陵崩：帝王"死"的委婉说法。

千秋之后：帝王"死"的委婉说法。

大行无遗诏：讳言帝王"死"。所指"大行"，是说皇帝不回来了，当然就是死了。

宫车晏驾：讳言帝王的"死"。晏，迟的意思，宫车晏驾是指帝王的车驾晚出,而皇帝本该早起驾车临朝,现在车驾迟迟不出来,一定是有变故。所以用"官车晏驾"讳指皇帝去世。

捐馆舍:是说连住的房子也遗弃了,其意就是说人死了,一般是指有尊位的官员,也称"捐馆"。

涅槃:佛家对死的讳言,也称"圆寂"。

羽化:传说成仙的人,能够飞升,像长了羽翼一样,叫"羽化"。所以"羽化"也作死的讳言,苏轼在《赤壁赋》中写道"浩浩乎如冯虚御风,而不知其所止。飘飘乎如遗世独立,羽化而登仙"之句。

就义:为正义而死。《宋史》记载,尹务实守谭州,援兵不至,纵火自焚而死。他的好友季带写祭文悼念他:"尹务实,男子也,先我就义矣"。这里的"就义"含有赞誉之情。

牺牲、殉国、殉职、殉难、都是死的讳言,也是赞誉之辞。

作古:已作为"古人",即"死了"。

弃世、下世:离开了人世,即"死了"。

即世、就世、卒世:都是死的讳言,言离开或结束了人世。

捐背:背离人世而去,意指死亡。

瞑目:闭上眼睛,也指死亡。

知识链接

给死人烧纸

在古代时期,有一个秀才名叫尤文一,虽然寒窗苦读十几年,但是并没有考中。后来,他灰心丧气,于是弃文从商,拜师大发明家蔡伦,学习造纸。因为尤文一特别聪明，所以深得到了蔡伦喜爱，蔡伦把自己毕生技术全部传给了他。

几年之后，蔡伦死了，尤秀才继承了蔡伦的事业，继续造纸。在造纸方面，尤秀才要比蔡伦更胜一筹，所造出的纸不仅速度快，而且质量还非常好。但是，因为当时用纸的人非常少，所以即使纸的质量非常高，也没有人来买。在这种情况下只能将纸囤积起来。看到如此多的纸，尤秀才十分犯愁，他整天郁郁寡欢，所想的就是如何把纸卖出去，茶饭不思，没想到三天之后，尤秀才死去了。

当得知这一消息后，尤秀才的家人悲痛欲绝。乡邻们听到这件事情之后，大家都过来帮助料理丧事。尤秀才的妻子哭着对大伙儿说："咱们家里比较穷，没有什么可以陪葬，就把这些纸烧了给他做陪葬吧。"

听到秀才妻子这样说，大家纷纷点头表示同意。于是，大伙儿专门找了一个人在尤秀才的灵前烧纸。没想到的是，到了第三天，尤秀才突然坐起来，嘴里还不停地叫着："快烧纸，快烧纸！"看到这种情形，人们甚是害怕，以为是诈尸了。尤秀才却毫不慌张地说："不要害怕，我是真的活过来了，是阎王老爷把我放回来的。"

听到尤秀才这样说，大家议论纷纷。尤秀才说："是你们烧的这些纸把我救了。在这些纸烧化了之后，到了阴曹地府就变成了钱。我用这钱还了债，赎了罪，阎王老爷就把我放回来了。"听到尤秀才说得如此真实，家人非常高兴，于是决定再多烧些纸。

这件事情很快就传到了乡人的耳中。当然，也有很多人是不相信的。但是一个有钱有势的老员外还是想一探究竟的，于是把尤秀才找去，对他说："我家用金银陪葬，不是比纸值钱得多吗"？

尤秀才说："员外不知道，这金银是阳间所用的，是无法带到阴间的。如果您不相信，员外老爷可掘开祖坟，看看那些陪葬的金银是否动过。"

听到尤秀才这样说，员外也相信了。于是，买纸的人一下子多起来了，此时，尤秀才的纸彻底走上了畅销之路。

事实上，尤秀才并不是真的死而复生，只是为了能够把纸卖出去跟妻子商量的一个计谋。没想到给死人烧纸真的成了一种风俗，并一直沿用至今。

第二节
古代丧具的演变

古代葬具演变的等级化

葬具是指装裹死者尸体的殓具。它随丧葬习俗的产生而逐渐形成，传承过程中在不同的时代、民族、地域里又呈现出多样的形态。

如果说墓室是死者的居室和庭院，那么葬具则是死者的寝室和吃饭之地。

第一章 丧葬习俗的起源

古墓中的陶器

葬具是指装裹死者尸体的殓具，它随着丧葬习俗的产生而逐渐形成，传承过程中在不同的时代、民族、地域里又呈现出多样性，例如：树葬、瓷葬、玉葬、革葬、木葬……然而，等级森严的棺椁制度则是演变中的主要特色。

葬具一般是指棺椁。《说文》则曰："棺，关也，所以掩尸。椁，葬有木椁也。"段玉裁注："木椁者，以木为之周于棺，如城之有郭也。"《礼记·檀弓上》曰："殷人棺椁。"注："椁，大也，以木为之。"言郭大于椁。其用法，《礼记·檀弓》载："国子高曰葬也者，藏也者，欲人之弗得见也。是故衣足以饰身，棺周于衣，椁周于棺，土周于椁，反壤树之哉？"由上可知，棺椁在墓室中存放；棺在内，椁围绕着棺在外。

远古时代，死者葬之野外，不树不封，也就无所谓棺椁。后来随着生产力发展，棺开始产生了。考古学证明，江苏大伊山遗址出土的一批距今六千年左右的石棺，没发现椁。这一石棺，都是用天然石片做成，石板嵌入泥中作棺壁，再在棺壁上覆石头作棺盖。

在奴隶社会时期，能否使用棺椁，是当时区分不同阶层的标准之一。商周时期，上层奴隶主贵族一般都用棺椁。安阳殷墟妇好墓的木椁由原木做成，椁盖上可能覆盖过幔帐一类的东西，以至椁木上留下了红黑相间的彩绘痕迹，棺上涂了多层红黑色的漆。山东苏埠屯发现的两座大型奴隶主贵族墓，使用的是亚字形木椁。湖北黄陂盘龙城一奴隶主贵族的木椁板外雕出了精细的饕餮纹。西周时期，诸侯方伯一般都要使用棺椁。到了秦汉时代，棺椁在社会上已形成制度，从秦始皇陵几个陪葬墓发掘，这些墓室都有一棺一椁，西汉时期，中山靖王刘胜墓有一棺三椁三层棺，这正应了所谓"天子四重，诸侯三重，大夫二重，士不重"的汉代棺椁制度。

　　至于封建社会各朝各代，棺椁制度或强或弱，但最终没有消亡。棺椁制之所以流传，与人们的生死观是有极大联系的。人们认为，人死之后，灵魂不灭，生前生活得怎样，死后仍能过上先前的生活。于是生者对于死者则必须造棺造椁，使死者在阴间享受生活必须有饮食起居之处。马王堆汉墓一号软侯利苍之妻就是很具代表性的一例。马王堆一号墓较为详尽地向人们展示了椁室内的摆设，表现了人们崇尚灵魂不死的愿望。

　　马王堆一号墓其墓坑底部横置着三根巨大的方形枕木，枕木之上是庞大的椁室。椁室有内外壁构成四个边箱和正中一个较大的棺室。四个边箱主要放置随葬器物，中间的棺室用以放置重重相套的棺材。在木椁的棺室，放着重重相套的木棺。一号墓有梓木制成的装饰豪华的四层棺：第一层是黑漆素棺，第二层是黑地彩绘棺，第三层是朱地彩绘棺，第四层才是盛尸之棺，棺内涂朱漆，外涂黑漆。一号墓共出土漆器184件，陶器51件，木桶162件，竹笥48件，各类丝织物及服饰百余件，乐器和其他竹木杂器100多件，还有44篓冥币以及记载随葬器物的木牍竹简，共有1400多件。椁室边箱的布局，模拟贵族的宅第。北边箱应是象征主人生前居住的地方。器壁张挂着丝织品的帷幔，室内地面铺着竹席，中间部位陈放着宴享用品，西部放着起居用具，东部有着衣女侍俑，着衣歌舞俑和彩绘乐俑，又有将近一半的陶器、部分漆器和竹笥，西边箱放着33个竹笥，可能是库房。另外还放着10多万枚泥质冥币。

知识链接

扎彩送亡灵

扎彩是利用竹篾苇条捆扎成骨架，而后用彩纸丝绢裱糊成形的一种民间工艺品。扎制的器物多用于死人丧祭中的迷信活动，因此普遍存在于各地民间。在人口集中的城镇因丧事频繁，对扎制的器物也有较高要求，便出现了被称为扎彩匠的专业匠人。天津是中国北方重要商埠，多殷实豪富之家，丧礼极为讲究，史料中有"虽在平民，其气象胜似大家"的记载。开吊发引前一日"行祖奠礼，焚烧纸绢扎彩"也是必需的活动。因此，天津扎彩具有较高的专业技艺和艺术价值。扎彩的品种决定于迷信风俗的要求，如卷棚牌楼的装修，人物（焚化殉葬的童男童女，出殡时的开路鬼）、动物，出痘时要到"天后宫"上香还愿，也要向扎彩匠定制各种花卉花篮。天津的扎彩讲求与原物相仿，细腻传真。据传清朝末年出过四大扎彩匠，他们可以根据死者家属的要求仿死者生前喜爱之物扎制（乐器玩物狗猫鸟，以至茶具牙具烟具等，几可乱真）。在一家大盐商的丧事中，他们曾扎制出一座真房大小的四合院，室内陈设大至床榻几凳，小至熏炉棋盘，完全仿制于死者生前。院内外应役男女仆人俱备，神态各异，院内有桃树一株，果实累累，树下有石桌石凳，廊下有鸟笼盆景，并提前装置引火机关，几人往返跳窜点火，焚烧均匀，层次错落。因为迷信习俗的破除，这一民间工艺现已基本绝迹。

各式各样的丧具

树枝和树皮葬具

关于葬具的制作，其在很大层面上反映了一定时期的生产力发展水平。在远古时期，因为生产力水平较为低下，生产工具特别简陋，所以还没有形成制作棺木装殓死者的习俗。古书中说："古之葬者，厚衣之以薪，葬之中野，不封不树"。这足以说明了那个时期的葬具就是树枝和柴草，把它们盖在死者身上就算完事。当然，这一点在近些年来的考古材料中也得到了证明。

李恭笃在《昭乌达盟石棚山考古新发现》一文中提到：1977年在昭乌达盟翁牛特旗解放营子公社二道丈房大队南沟生产队的石棚山上，发现了一处保存比较完好的原始社会氏族墓地。在这个时期的墓葬中，多数墓的墓底发现有桦

桦树曾经是随葬品

树皮，有的尸骨上有树枝，这足以证明了当时的葬具就是桦树皮和树枝。

在一些少数民族中仍然流行这这种葬具习俗。例如，云南金平牛塘寨的苦聪人及部分拉祜人，在人死之后，马上要派人上山去剥树，而且去的人一定要观树，树种也是有规定的，只能是哈巴树、遮吉树、报那树和简每树。在选好一种树之后，用蛋卜，即用鸡蛋投击选好的树，如蛋破，一定要开剥此树，否则须另选一棵树。剥开树之后拿回树皮，先用旧布、香蕉叶或芭蕉叶把尸体裹一层，然后再裹上树皮，树皮外还要捆上藤条和一根木棍。在装殓完毕后，亲友用手抬木棍，然后把死者抬到墓地下葬。

居住在云南碧江县山区的白族，曾流行一种房草葬。人死后置于木板上，用房上的草厚厚地盖在尸身上，然后用土深埋，在土上垒石造坟，坟前一公尺处要竖一木坊，挂上锅与祭物为死者殉葬。这种房草葬是原始葬俗的遗存。

居住在北方的鄂伦春人，旧时人死后举行风葬，用剥来的桦树皮包裹尸身，用柳条编制葬具，把尸体包裹好再置于树上风葬。

土棺

这是一种很原始的葬具习俗。《礼记·檀弓上》载："夏后氏堲周。""堲周"就是烧土为砖附于棺的四周，也叫"土周"。《淮南子·氾论训》载："有虞氏用瓦棺，夏后氏堲周，殷人用椁，周人墙置翣，此葬之不同者也。"高诱注："夏后氏禹氏无棺椁，以瓦广二尺，长四尺，侧身累之以蔽土，曰堲周（烧土为砖经绕于棺材四周）。"在这一历史时期，人死后就是用土坯垒于尸体四周做葬具的。

《太平广记·寿安土棺》载："寿安之南有土峰甚峻，乾宁初，因雨而圮，半壁衔土棺，棺下有木，横亘之，木见风成尘，而土形尚固。邑令涤之，泥汨于水粉，腻而蜡黄。剖其棺，依稀骸骨。因征近代，无以土为圈身之器者。载记云：夏后氏堲周，盖其时也。"这是对土棺习俗的历史记述，证明古时确实流行过这种葬具习俗。

这种葬具习俗在我国少数民族中也曾流行，但其形式与汉族略有差异。新疆维吾尔族是掘地为长方坑穴，然后抬尸葬入其中，死者头北足南。也有的是沿坡侧挖出一穴，把死者尸体葬入，用木板做墓门，然后叠土为墓。

回族以木棺和土棺交叉运用。亲人死后，要举行善面、坐夜、净身、穿克凡、入经匣、钉海克、入葬、顶架子等丧葬仪式。善面就是向死者遗体告别。坐夜就是守灵，守灵时要请教长讲经，给死者七窍中放入大米粒，意谓不空见主。回族最讲洁净，要为死者用水洗身，为净身。净身后为死者穿"克凡"，"克凡"是用四块白布做成的肥大简便的葬服。穿完"克凡"后把死者放入"经匣"，"经匣"是清真寺公用的装殓死者的活底棺材。"钉海克"，是把教长亲写经文的四块白布，分别钉入已挖好的土穴之中，以求吉祥。钉好"海克"，在墓底撒防腐剂和防虫剂，将一块土坯放在一端，为死者做枕头。这一切都做好，便为死者入葬，把经匣底部一抽，让死者落入墓中，埋土后，用土块和草坯堆成坟丘。这种葬法其实就是以土为棺具的。著名思想家、回族人李贽在其《续焚书》中曾留下遗言，其葬以土为棺从俭，挖一个"长一丈，阔五尺，深至六尺"的土坑，在坑底"复掘二尺五寸深土，长不过六尺有半，阔不过二尺五寸"，以此来安葬他的遗体。下葬前，先置遗体于板上，"加以白布巾单总盖上下"，抬到墓地葬后，板要抬回以还主人。

革棺

革棺就是用兽皮做葬具。有的民族用兽皮直接包裹尸体下葬，有的则把兽皮制成棺来盛殓尸体。这是一种很原始的葬具习俗。

《太平广记·广川王》载："广川王去疾，好聚无赖少年游猎，罩弋（打猎）无度，国内冢墓，一皆发掘。"有一次他带人盗掘了襄王冢，"襄王冢，以铁灌其上，穿凿三日乃开。黄气如雾，触人鼻目皆辛苦，不可入，以兵守

第一章 丧葬习俗的起源

之,七日乃歇。初至户,无扇钥,石床方四尺,上有石几,左右各三石人立侍,皆武冠带剑。复入一户,石扇有关锁,扣开,见棺柩,黑光照人,刀斫不能入,烧锯载之,乃漆杂兕革为棺,厚数寸,累积十余层,力少不能开,乃止"。这里记载的襄王棺具,就是用兽皮做的。

古老的墓室

高山族的裸葬,葬具是用鹿皮。人死以后,要把其衣服脱光,然后用鹿皮包裹尸体,由亲属抬至山顶,展开鹿皮,再把生前穿着的衣服覆盖在尸体上。高山族认为,死者的肉体已死,就无所谓是否穿衣服,覆盖的衣服是奉献给灵魂的,是为了让其灵魂穿戴。这种葬具习俗,是远古先民用皮革做葬具习俗的遗存,和狩猎文化有着极为密切的关系。

石棺

我们的祖先进入到石器时代,学会了用石头制造工具。随着人死后灵魂不灭观念的确立,先民们不仅用石头为生人建房,而且也为死者造葬具和墓室了。这种大石墓和石棺葬,在我国分布很广,西南、西北、东南、东北地区都有发现。在西南地区发现的大石墓,是用大石块建成的,较大的石块长2~3米,宽1~2米,厚近1米,最重的可达7吨多。石墓建得很大,墓中多是二次葬。大石墓有墓门,可随时放入尸骨,所以墓中尸骨散乱。随葬品有石、陶、铜、铁器等,可见葬入的年代不一,随葬品也分不出属于哪一死者,应为共同所有,反映出氏族公墓的特点。《华阳国志·蜀志》载:"会无县(今西昌会理县)有濮人冢,冢不闭户,其穴多有碧珠,人不可取,取之不祥。"由此可见,这里的大石墓可能是古代濮人遗留下来的。

用石棺作为葬具，在《华阳国志·蜀志》中有这样的记载："周失纲纪，蜀先称王。有蜀侯蚕丛，其目纵，始称王；死，作石棺石椁，国人从之，故俗以石棺椁为纵目人冢也。"西南地区发现的石棺葬多是利用自然石板片或打制加工的板岩、麻岩片筑成的，棺箱、棺盖都用石板，有的棺底也铺石板。北方发现的石棺则略有不同，如在辽北地区的原始文化遗址开原县李家台所发现的墓葬，长方形的石棺都是由20块左右石板筑成，用不规则的打制石板立围四壁，墓底不用石铺，上有用石板做的棺盖；在内蒙古宁城县南山根发现的石椁墓，长方形的竖穴土坑内也是用砾石叠砌成四壁，上有小石板铺砌成的椁盖，但墓底也不见用石板铺砌。

　　在我国一些少数民族中，也曾有用石棺为葬具的习俗。水族的墓葬俗称"石板墓"，墓室用雕凿的青石板、石柱、石条构筑，呈长方形。墓多分为二层或三层，底层埋入土中，葬埋死者，中上层露出地表，存放简单的随葬物。高山族的石板坐葬，也是用石棺作为葬具，人死以后，先用四块石板在挖好的墓穴中构筑成墓室，然后把死者屈膝坐葬于这一方形墓室中，上面盖上一块石板，再覆泥土埋葬。仡佬族也有用石板或不规则的石片镶砌墓穴的习俗，前面两块石板要形成一个三角形的顶，这种坟俗称"仡佬坟"。

知识链接

帝王陵前放石像生

　　古代帝王陵前都放有石像生，分别为狮子、麒麟、獬豸、骆驼、马、象等石兽，一般均用汉白玉雕成，形象逼真，栩栩如生。

　　古人认为狮子性情凶猛，吼声震天，群兽听到狮吼，无不惊恐。将它放在陵前，起着"避邪"的作用。獬豸，是神话中的异兽，头长长角，专触不正之人。古代法官，曾戴过獬豸冠，以表善辨邪正之意。麒麟，是传说中的异兽，吉祥的象征。骆驼，是沙漠中不可缺少的运输工具。马，性情温顺，善于奔跑，是当时人们离不开的交通工具。总之，有麒麟、獬豸、烈马、雄狮把守陵门，象征着皇帝的威严。

据考证，陵前放置石像生起源于秦，当时称为"翁仲"。传说，秦朝有位大将名叫陈翁仲，此人身材高大，力大无穷，曾驻守留洮（今甘肃岷县），因征服匈奴有功，死后，秦始皇为了纪念他，便铸了陈翁仲的铜像，放在咸阳宫的司马门外。后来，人们就把铜像、石像统称为"翁仲"了。自秦以后，各代陵前均放置石像，只是种类有所不同，如秦汉时放置麒麟、象、马等。唐代诸陵前则是狮、马、牛、玄鸟、文臣、蕃酋。明朝则是麒麟、獬豸、骆驼、马、象、文武勋臣。清朝基本是效仿明十三陵放置的石兽，只是没有文武勋臣。

瓮棺

瓮棺就是指用陶瓮做葬具。这一葬具习俗是和制陶文化相联系的，是原始先民学会了制陶之后的产物。这种习俗早在半坡遗址的氏族公共墓地中就已出现了。在半坡遗址的氏族居住区内，有小孩墓葬76座，其中的73座是用陶瓮做葬具的。孩子年龄稍大的用两个粗陶瓮对合起来；年龄幼小的只用一个粗陶瓮，上面再盖上一个陶钵或陶盆。

在辽宁长海县上马石发现的瓮棺葬，陶瓮和葬法都很特别。这里发现的瓮棺墓共有17座，都是用大型陶瓮盛殓尸骨。葬法是先挖好图形竖穴，然后

幼儿瓮棺葬遗址

把殓有幼童或未成年人的瓮棺放入竖穴内,都是二次葬。在这些瓮棺墓中,又有瓮口向上葬式和瓮口向下葬式两种,瓮口向下式的葬法是先把陶瓮口朝下放入竖穴中,把瓮底砸下来,放入尸骨,然后把砸下来的瓮底再盖上。这种葬式和半坡遗址的瓮棺葬显然有所不同。

古书中记载的"有虞氏瓦棺",也属于瓮棺葬这一类型。《太平广记》中记叙的"袁盎冢,以瓦为棺椁,器物都无,唯有铜镜一枚",也是这种葬具习俗的一例。古代先民用瓮棺做葬具多是装殓小孩或未成年人,可能是因为大型瓮棺制造起来不易。

在历史的传承中,少数民族也受到这种古老葬具习俗的影响,但他们往往将其用于二次葬和非正常死亡者。旧时畲族人死后,便是先停棺于野外,经数年后,用火焚化,把骨灰收入罐中,然后再行土葬。《闽峤輶轩录》载:畲族"人死刳木纳尸,其中少长,辟相击节,主丧者盘旋四舞,乃焚木拾骨,置诸罐，浮葬林麓间，将徙则取以去。"瑶族从前也是人死后以棺木盛殓，抬到山中以火焚化，然后捡骨盛入罐中，就地掘土埋葬。

还有对非正常死亡者用瓮棺来做葬具的。水族认为患麻疯病而死的人和因难产而死亡的产妇，都不吉利，其阴魂会传染后世，因此他们对这样的死者先行火化，然后把骨灰盛入坛中或土缸中，用一大土缸倒扣其上，再封闭埋葬。对患麻疯病而死的人，要在低洼处或常年不干涸的烂泥中安葬；对难产而死的女人，要抬到远离村寨的偏僻山洼中去安葬，认为只有这样，才能杜绝病患。这种用缸做葬具的葬式俗称"倒缸葬"。

傣族僧侣所实行的葬仪是火葬和瓮棺葬的复合葬。僧侣死后，尸体盛殓在薄棺中，用车拉到火葬场地，在众人围观中举行火化，然后把骨灰盛入一个瓦坛中，葬于寺后，有的在埋骨处还要建一座石塔。

木棺

用木棺做死者的葬具，在半坡遗址中就已经出现了。半坡人在葬殓一个六岁左右的小女孩时，葬埋方法不仅和成年人的墓相同，挖了一个长方形的墓坑，用一个小口尖底瓶、三个陶钵、一个粗陶罐和三个小石球来随葬，而且还为她制作了简单的木板棺材。当时的葬俗，成年死者葬殓时都没有葬具，儿童和未成年的死者也只是用陶瓮盛殓，而这个小女孩却是很特别的了。当然，当时还处于石器时代，用石头工具制作的木棺葬具，不过是简陋粗糙的木板和木棍的构体罢了。

到了龙山文化时期，进入到父系氏族社会，葬具习俗中已出现了木椁。在宁阳堡头发掘的一群墓葬中，有一座大墓，墓坑长三到四米，宽二到三米，墓坑里的木椁有半间房子大。木椁就是套在棺材外面的大棺材，是用来保护盛殓死者的棺材的。但这个时期用木棺做葬具还不十分普遍，只有奴隶主和头人才能使用，而一般的氏族成员和奴隶葬埋时是没有任何葬具的。在这群墓葬中，就有一座墓，墓坑很小，没有葬具，连一件随葬品也没有，死者手里只握着一颗兽牙。

在齐家文化中发现了红铜工具，铜的发现和应用，为木棺葬具的兴起提供了条件。到夏商时期，这一葬具习俗开始盛行了。从殷墟商王陵的发掘情况看，商王生前生活极为奢侈，同时还为死后能长眠幽宫，强迫奴隶为他们修造规模巨大的陵墓。有的王陵占地面积竟达一千多平方米，在深邃的墓室中央，用大木条叠压成方形或亚字形的椁室，在椁室的正中放置商王的棺材。为商王殉葬的人有的也用了棺材。

到了周代，用棺椁做葬具的习俗已制度化了。规定棺椁衣衾，自天子至庶人，务尽其美。棺厚五寸，椁称之。而其做法是天子四重，诸侯三重，皆用松；大夫二重用柏；庶人一重用杂木。到了汉代，厚葬之风盛行，《晋书·索琳传》载："汉天子即位一年而为陵，天下贡献三分之，一供宗庙，一供宾客，一充山陵。"一个新皇帝即位一年后，就要为自己建造陵墓了，这当然也包括为自己造棺椁葬具。在先秦时代，帝王的棺椁葬制如《史记·滑稽列传》

木质棺材

中所载:"以雕玉为棺,文梓为椁,梗、枫、豫章为题凑。"到了汉代,更为奢华,在地宫中要建梓宫、便房、内外回廊和黄肠题凑。棺材用梓木做,称为梓宫。梓宫的前半部是为死者延宾燕飨之地,称为"便房"。"黄肠题凑"就是用柏木的黄心致累棺外,故曰"黄肠",木头皆向内,故曰"题凑"。帝王的厚葬之风影响了臣下,竞致"世以厚葬为德,薄葬为鄙,至于富者奢僭、贫者殚财,法令不能禁,礼仪不能达"。(《后汉书·光武帝纪》),使光武帝都大发感慨了。从此汉族用棺木做葬具的习俗代代传承,历几千年而至近世。

有些少数民族,也流行用棺木做葬具的习俗,但形制比较特殊。蒙古帝后的棺木,用整段的香楠木做成,做法是先把这段香楠木纵剖为二,然后把中间凿挖成人形槽,大小深浅以能容人体为限,殓时把尸体放入其中,把两片木合起来,外面用四道黄金箍紧紧固定,然后用车载葬至輋谷。蒙古族的坐棺也很有民族特点,活佛、葛根、喇嘛、尼姑以及对佛特别虔敬的人,死后的葬具用坐棺。坐棺的外型像座小庙,分为三节,底座呈扁方形,中段呈长方形,上部有檐式庙顶。盛殓时使死者盘腿坐在棺内,臀部在底层,腰身在中层,头部在顶层,殓后埋葬。

满族历史上曾行火葬,但也须先用棺木盛殓。棺木形状是棺盖尖而无底,内垫麻骨芦柴之类,上铺被褥,在郊外与尸体一并火化。后因受汉族影响,改行土葬,棺木造法有所改变,形状是棺盖上尖下宽,形如屋脊,内部高大,用纸裱糊,外面彩绘,还有的雕刻山水花纹。

大约从西周或春秋时起,漆棺开始流行,经过一番特殊处理,使棺木的防腐性能更强。

解放后提倡火葬,棺木葬具渐为骨灰盒所替代了。

船棺

船棺是一种形状像独木舟的葬具,一般是用长5米左右、直径1米左右的独木，凿削而成，把死者尸体殓入其中，葬入竖穴的土坑中，同时用铜器和陶器随葬。这样的葬具习俗起源很早，在青海乐都柳湾发现的齐家文化遗存中，就有这样的棺木了。在福建武夷山发现的悬棺葬中，有的葬具形状就像船，所以朱熹在《武夷歌棹》中写道："三曲君看架壑船，不知停棹几何年。"架壑船即指葬于悬崖峭壁间的船棺。

这种葬具习俗在青海、四川、福建、贵州、云南等地都有发现，但以四川最为集中。1954年在四川广元和巴县等地发现的战国末期至汉代初期的巴族墓葬，就都是用船棺做为葬具的。

这种葬具习俗在西南少数民族中还有遗存。居住在云南的崩龙族，人死以后，亲友便把一棵大树砍倒，取其一段纵剖为二，中间凿空，把死者盛殓其中再扣合。这种独木棺名称的含义，在崩龙语中即"船"，意思是供死者灵魂去祖先居住的地方过河用的。在装殓时还要在死者口中放点银，意思是给死者灵魂备下的过河钱。在崩龙族中流传着这样一个优美的传说：在很古的时候，人是从葫芦里出来的，男人全是一个模样，女人却满天飞；后来有个仙人，把男人的容貌给区别开来，这样男人就设法用篾箍套住了女人，从此以后才有了人类。人的祖先是从葫芦里来的，这又和洪水的传说连在一起了，人死后要到祖先居住的地方去，所以就要乘船。因此推断，船棺葬具习俗是和祖先崇拜及人类起源的传说紧密相关的。

知识链接

祭神祖

旧时民间家有神龛，族有祠堂，地方有庙宇、神佛，祭祀之风盛行。

主要有堂祭、庙祭、请七姐、祭龙神等形式，成为人们对祖先、对死者的精神慰藉，其迷信色彩甚为浓厚。

堂祀。民间常于堂上设神龛，逢重要节日，焚香行祭。神龛左右书对联，名曰"耳联"。常写"祀祖宗一炷清香必诚必敬，教子孙两行正业惟读惟耕"或"天增岁月人增寿，春满乾坤福满门"等。上有横眉，常写"神之格恩"或"如在其上"等。中间常贴"某氏门中历代高曾祖考妣之主位"或"天地君亲师位"等。并夹书"九天司命""长生之主"，称为"立神位"，统称"写中堂"。中堂也有贴《朱子家训》、名人诗画和《百寿图》的。凡婚嫁、丧葬、寿诞及某些传统节日都在家举行堂祀。

庙祭。庙祭多在玩龙灯时举行。龙灯入庙，俗叫"人喜神欢"。龙灯彩常喊"百姓敬神，大好收成；手艺敬神，技术齐全；生意敬神，财源茂盛；老者敬神，彭祖高龄；少者敬神，易长成人；姑娘敬神，双手万能"等内容。此外，入土地庙祭土神，求保一方安泰，青苗茁壮，五谷丰登，六畜兴旺等。

请七姐。《天仙配》中董永与七仙女的故事老少皆知，每年春节，民间有请七姐下凡回故里的习俗。通常在大堂里悬灯焚香，轻击铜磬，反复吟唱"正月正，青草青，请七姐，看花灯，酒送七姐打湿口，鞋送七姐穿过来，七姐要来早些来，不等黄花夜露开，请得七姐下凡来，教我织布并做鞋"的歌谣。大堂桌旁有两人相对端一筛子，筛面向下，筛边绑一筷子，筷头立在盛有米的餐盘中，当吟唱、锣鼓俱停时，其中两人分别问年成凶吉，或问婚嫁，筷子便在米中画符作答。

祭龙神。民间多在大旱之年为求雨救苗，举行祭龙神。其方式是用茶叶谷米抛撒，并念"此地有福，神驾遥临，宣云布雨，雷电施行，惠齐谷穗，时令太平"等咒语。

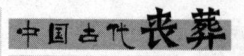

官祭。旧时，府县官员每年春秋雨季要举行对山川社稷、风云雷雨和尝百草的神农、教民稼穑的后稷，尊为"大成至圣"的孔子以及城隍、关帝等神祇的祭祀仪式。

第二章

丧葬习俗

丧礼作为重要礼仪之一同社会生活关系密切,所以格外受到人们的关注,特别是儒家学派,对丧礼的研究最为深刻透彻,并形成了一套完整的思想体系。儒家"事死如生"为主要特色的丧葬礼俗,对于我国后世的丧葬礼俗产生了决定性的影响。这一整套的丧葬制度,在儒家经典著作《仪礼》中得到较完善的保存。此制成为后人遵循之模式。

第一节
临终丧仪的基本仪式

丧仪是中国传统丧葬活动的开始礼仪,主要包括临终、组织治丧班子、报丧、小殓以及其中丧仪禁忌等活动。

临终

临终是指从老人病重到断气时的一段时间,它是丧葬活动的开始。从临终期开始就鲜明地体现着中国人"爱亲""思亲""孝亲"的本能和试图沟通阴阳两界的努力。临终期的仪式包括以下几个方面:

备寿衣、寿材

中国传统的丧葬活动,宽泛地说,起始得很早,也可以说是丧葬的预备。在民间,人过60岁以后,即使身体健壮,家人也往往为老人准备寿衣、寿材。这一方面可以使丧事到来时不慌张,另一方面据说可以为老人冲喜,使老人添年增寿;还有一个说法,认为老人生前若穿了寿衣去拜过菩萨,便可以确定这衣服是自己的。

第二章 丧葬习俗

做寿衣也是有讲究的。一是择吉日，寿衣必须拣年份里有闰月的好日子做，取"功德润泽"后人之意。二是衣料，寿衣不论春夏秋冬都得用棉布做成，布料不能带"洋"字，如洋布就不能用，因为洋与"阳"同音，使寿衣无法穿到阴间去；不用缎子，多用绸子制作，因为"缎子"与"断子"谐音，不吉利，怕因此招致断子绝孙，而"绸子"与"稠子"谐音，象征后代繁衍无尽。衣料颜色用红不用黑，因为将来死者在博衣亭被博到红色，以为已经出血，就不博，衣裳的袖子要长得将手完全盖住，据说手露出来会使子孙变穷，讨饭；所有衣服不钉纽扣，只缝衣带，因为"钮子"与"扭子"谐音，不利后人。另外裁缝做寿衣是要给"包儿"的，并且要吃鸡蛋茶，倘使是已经死了之后做，则要"双工钱"，并且还要手巾等。

其次是做寿材，又叫打寿木，就是做棺材。富贵人家做棺材，木料一般是杉木，也有用柏木做的，表示千年不朽。寿材搁置之处，不能再移动，否则于本人不利；寿材放置越干燥越好，可使本人来世少生疾病；漆也要预先油漆好，若殓后漆，死者在阴间要一直摸黑的。做寿材在中国古代较为普遍，据天津《河东区志》记载，新中国成立前当地较富裕的人家，老人到了晚年，子女有为老人早备棺木的习俗。棺木的讲究颇多，最好的当数楠木独板，价值昂贵；次之用柏木材，等而下之是桎木；贫苦人家买不起棺材，只有买用薄木板拼钉、中间夹锯末填充的"鼓"，外表堂堂，一撞就散，俗称"狗碰头"，这样的棺材只是个样子。民间也有人死后再做或购买棺材的，这在下面"治棺"中再说。

寿衣

临终守孝

中国传统的丧葬活动,严格地说是从老人病危开始的。我国传统习俗认为,凡是50岁以上的老人,不管是老故,还是病死,都算寿终,为其办的丧事称为"喜丧",也叫"白喜事",天津又叫"老喜丧",特别是老人活到七八十岁,子孙满堂,无疾而终,认为这是修来的善果,丧事可以当喜事办。"老喜丧"的气氛就不那么悲切了,虽然也按时烧纸哭奠,但是可以饮酒打牌,子孙不必过于哀痛,原因是认为老人已到西方极乐世界去了,是喜事。在老人病危时刻,儿孙们以及亲兄弟、亲侄子等聚集在其病床前,照料护理老人,直到咽气,这就是送终。送是护送,终是去世。送终就是在老人临死的时候陪伴着老人,直到断气,又叫临终守孝。

临终守孝在春秋时已出现。《礼记·檀弓上》:"曾子寝疾,病。乐正子春坐于床下,曾元、曾申坐于足,童子隅坐而持烛。童子曰:'华而睆,大夫之箦与?'子春曰:'止。'曾子闻之,瞿然曰:'呼!'曰'华而睆,大夫之箦与?'曾子曰:'然。斯季孙之赐也。我未之能易也。元起易箦。'曾元曰:'夫子之病革矣,不可以变。幸而至于旦,请敬易之。'曾子曰:'尔之爱我也不如彼。君子之爱人也以德,细人之爱人也以姑息。吾何求哉?吾得正而毙焉,斯已矣!'举扶而易之,反席未安而没。"这是曾子临死前的情形,当时为曾子送终的有四人:曾子的两个儿子,一个学生,一个家童。

死者病重时,亲友探视,儿孙奔忙。病危时,合家大小和家族至亲守护床前,猜测死者未了心愿,死后家人号哭。

如果因为一些不太重要的事,本能够给老人送终而不及时赶回,以致未能参与送终,是很不孝的行为,会遭到街坊邻里的耻笑,至亲中还可能会有人当面指责。欧阳予倩《屏风后》:"我连送终都没有能去,扶病回家,看见挂着丧幡的白布,父亲还是很严厉地不让我进门。"作为死者晚辈,近在咫尺,能够参加送终而不参加,这是对死者的无声抗议,是一种永不宽恕的表示。

送终既是丧葬礼仪,同时也是人类感情的一种特殊交流方式,是生者对死者的关心和安慰。死者会因此含笑而去,生者则会达到对死者没任何遗憾的心境。

易箦(上床板)

易箦又称"移铺""设床"。老人病危时,要把宅院内外打扫干净,以备宾客前来探望,《礼记·丧大记》云:"疾病,外内皆埽。"即指此意。又将其从卧室中移到堂屋正室中来,作为临死者最后告别人世的正式场所,亲人们都守候其左右,让其安详地离去,这就是人们常说的"寿终正寝"。"寿终"表示死去,忌讳词;"正寝"就是堂屋正室;寿终正寝表示老人死得其所,死得安详、安心。老人特别重视死时能"寿终正寝",《仪礼·士丧礼》:"死于適室。"《朱子家礼·丧礼》:"疾病,迁居正寝。"严格地说并不是每个人都能寿终正寝,只有在国家或家中有地位的人才能够"寿终正寝",《礼记·丧大记》:"君、夫人卒于路寝,大夫、世妇卒于适寝。内子未命,则死于下室,迁尸于寝。士之妻,皆死于寝。"移入正室后,老人被放在正室北边的窗户下,头朝东方。《礼记·丧大记》:"寝东首于北牖下。"古人认为东方主生长。现代演变为把老人放在正室对门的正中央,脚要朝着门外,这叫作"倒头",儿女亲属围在床前,等待病危者咽下最后一口气,这是我国北方把死称为"倒头"的原因。而南方泉州则是停尸方向多取西方,死者头部位置不得在梁下,裸露在外的肢体一律用布或纸包好。而客死他乡和凶死者绝对不能"寿终正寝";死者之上还有长辈活着,死者也不能移入正室。天津西青区风俗是上无老人者放堂屋正中,上有老人者略偏一侧,以示不占正位。

按天津《静海县志》记载,旧时,静海县人死后就将死者抬放于外堂屋用三块木板拼成的灵床上,即俗称的"三块板",死者身下铺黄色褥子,身上盖白色被单,俗称"铺金盖银",头枕莲花枕,两脚置脚枕上,这叫"停床"。

按照古代传统,病人在临终前必须将他(她)从床上移置到地上。这是因为古人认为人的初生是落在地上,现在既然即将死了,把他(她)恢复到出生时的境况,放在地上,希望他(她)能摆脱死神的魔掌而获得重生。要是他(她)不能重生,再把他(她)抬回床上。《礼记·丧大记》中说的"废床"就是这个意思。后来民间演变为"易箦",其本来含义也变了。民间忌讳人死在床上或炕上,认为人死在床上或炕上,就背着床或炕走,不能顺利地到达另一世界。于是在人死之前换个地方,一般用木板,有的图方便取下一块门板架起来就行。又有说此法缘自"曾子易箦"(见上文"临终守孝"),易箦时,由长子抱头,其余亲属托全身,有的还会喊一句:"冲一冲就好啦!"

属纩与初哭

1. 属纩

病人易箦等待死亡时,要换去病时穿的衣服,一是比较脏,二是居家穿的衣服不正式。《礼记·丧大记》中说病者:"彻亵衣,加新衣,体一人。"就是指病人换去病时穿的衣服,穿上新衣,并且其手足四肢分别由一人握住,以免屈伸不正,不利穿衣入殓。全家其他人则:"男女改服,属纩以俟绝气。"

属纩是古人测验死者是否断气的方法。属,放置;纩,新棉絮或新丝絮。属纩,指用新棉絮或新丝絮放置在病人口鼻处,验其是否断气。新絮很轻,若呼气,势必动摇;若不动,说明病人已经断气,家人即可举丧。古人重视男女之别,所以"男子不死于妇人之手,妇人不死于男子之手"。(《礼记·

丧大记》)为此，为临终者换衣属纩之事，都要由同性别的人来做。

2. 初哭

丝絮不动，证实病人确已死亡后，亲人为之痛哭，谓之初哭。初哭是人死后其家人第一次为其痛哭。《礼记·丧大记》："唯哭先复，复而后行死事。始卒，主人啼，兄弟哭，妇人哭踊。"《朱子家礼·丧礼》："既绝乃哭。"并把屋内的装饰、壁画全去掉。后来民间又演变为把死者换下来的衣服、睡过的席垫烧掉，这叫"烧包"；有的地方孝子要用瓦罐盛米汤到土地庙，一边哭喊亲人一边洒酹，这叫"送汤"。

招魂（复）

古人把招魂叫作"复"。古人相信灵魂不灭，特别是刚死之人，精气离体尚不远，只要招呼他（她），使之归来，仍能复生，此之谓"人子不忍死其亲，冀希精气之反而重生"。由此便产生了招魂仪式，即"复"。丧礼中何时举行招魂，礼俗中有明确规定。《礼记·丧大记》："唯哭先复，复而后行死事。"人一咽气，亲人先尽哀而哭，然后再进行招魂。在人死后的丧礼中，只有哀哭，即上面说的初哭早于招魂，盛殓等仪式都在招魂后进行。后世发生了变化，许多仪式放在招魂前进行。

根据亡者身份的不同，所进行招魂的人数也是不同的。负责招魂的人也是有讲究的，其必须是与死者关系较为亲近的人，而且还需要穿着朝服进行招魂，这样可以表示对死者的尊重。不同身份的死者所用招魂衣服也是不同的，如"君用衮服，君夫人用受命之服；大夫用祭服，大夫夫人用受命之服；士用士的招魂之服，士妻子用其招魂之服"。通常来说，进行招魂的人都是从东边屋檐翘起的地方登梯上屋，然后再到屋脊之上，用死者的衣服面朝北招魂，呼喊道："噢——，某人回来吧！"喊这句话要喊三遍。在呼喊的时候，如果死者是男子，则要喊他的名字，如果死者是女子，则喊她的字。随后，负责招魂的人就会卷敛好所用的死者的祭服，把它投掷屋前。而掌管服饰的人则把招魂衣接过来，然后把它装入箧中，从阼阶上堂，把衣服覆盖在死者身上，这种做法就是希望能把死者的魂魄给招回来。如果是死者客死在他乡，想要招魂的话需要在公馆中进行，而不能在私馆中。如果是客死在路上，随行的人员只需要登上死者所乘车辆的左毂为其招魂即可。招魂用的祭服，在洗浴的时候必须拿走，不能将其用于"袭尸"或用作殓衣。

与先秦时期相比，后世的招魂仪式有很大的变化，而且也变得越来越灵活。据《水经注·济水一》记载："沛公起兵野战，丧皇妣于黄乡。天下事定，仍使使者以梓宫招魂幽野，因作寝以宁神也。"在刘邦起兵反抗秦朝的时候，他的母亲在战乱中死去。在刘邦正式登上皇位之后，他想正式安葬母亲。且不说母亲的尸体，即使是母亲穿过的衣服也没有。刘邦只好派人晚上抬着棺材在荒野中招魂，然后安葬。在魏晋之后，随着佛学的逐渐引入，招魂仪式也受到影响。招魂的地点仍是屋顶，而负责招魂的人通常为子为父母，面向西方所说的是"走西方大路"之类的话。而为客死他乡的人招魂则变得更有趣，丧家请一些和尚和道士，手持"引魂幡"，朝着死者所在的方向高声诵念招魂之词，家人则抬着一座纸扎的彩亭，准备欢迎死者的魂魄归来。另外，在民间还有"借尸招魂"的仪式。

从现代医学来说，招魂仪式也并不完全是糟粕，也有可取的地方，即防止误把昏厥假死当作死亡。在古代时期，因为医学不发达，所以这样做是情理之中的事。

备倒头饭，点随身灯，烧倒头纸，焚返魂香

按《仪礼·士丧礼》记载，先秦人死招魂后，再次查看口鼻前的丝绵，如确已死亡，就从地上迁置到床上，给尸体楔齿（即用角质的匙插入死者的牙齿间，

第二章 丧葬习俗

防止其口紧闭不能饭含），缀足（即用小几压束死者双足，使其端正，易于穿衣、穿鞋）。然后设奠祭祀死者，并用帷幕把尸体围隔起来。后来则发展为在临死时就给死者沐浴、穿衣、饭含。

唐宋以后，民间兴起备倒头饭、点随身灯、烧倒头纸（或灵魂车）的习俗。在人刚死之时，家人立即将亡者移置门板（或木板）上，并用黄表纸覆盖脸面与枕垫头下，这叫"盖门巾"；头前盛碗半生半熟的米饭，上插三炷香，称为"倒头饭""倒头香"；用绵纸制作纸灯，蘸上香油，从死人床前开始，点上一盏又一盏的纸灯，直到大门外，叫"随身灯"，或称为"引路灯""长明灯""长命灯""引魂灯"等，意为帮助死者顺利去阴间报到。《民社北平指南》："旧式丧礼，人死更夜，停尸于床，合家举哀，焚纸锞，曰'领魂纸'。床前燃灯，曰'点引魂灯'。同时，按俗还应该把一辆纸糊的车子放在街门口烧，俗称'烧领魂车'；并烧一些纸锞纸钱，供死者到阴间花费，叫'烧领魂钱'。"此俗到明朝已经盛行。《金瓶梅词话》第六回写武大死时，"灵前点起一盏随身灯"。

除点随身灯、烧倒头纸（或灵魂车）外，还要焚返魂香。这是因为活人好闻香气，便认为鬼魂也喜欢香气。香点燃并冒出缕缕青烟，这是鬼魂最喜爱享受的祭品。《十洲记》说：死人闻了香气也能活转过来，因此把用作祭奠的香叫作"返魂香"。洪刍在《香谱》中也说："'返魂香'能使死人的魂魄与人相见"。点燃返魂香，口吟"某地某某人欲见生灵，愿此香烟用为引导"。可见，香对亡魂的吸引力是相当大的。因此，必须要在死者床头前点上几炷香，祈请亡魂来享用香气。天津风俗是人死"停床"后，死者头前点长明灯，焚香摆供烧纸钱，室内镜子须全部用物蒙盖或反转过去。

改服

招魂后确定死者确实死亡后，丧家的人都要换去平时穿的衣服，换上庄重、素淡的衣服，这叫改服。《礼记·丧大记》："男女改服。"意思是说当病人临终时，

丧服

其全家男女都要换去华丽的衣服，穿上素衣。《朱子家礼·丧礼》也说，在招魂不能复活后，全家"乃易服不食"，不仅换掉华丽的衣服，还不能吃饭。但此时的易服还不是"成服"、穿孝服，成服是在人死"三日大殓"后进行。现代民间把易服与成服合而为一，在人刚死后就穿上孝服。

治棺

人死之后，就要准备盛放尸体的棺材。为什么要装尸于棺呢？《说文解字》："棺，关也，所以掩尸也。"意思是说棺材的作用是遮掩遗体使人看不见，以免睹物生情，或者防止别人看见了害怕。后世棺材的作用发生了变化，人们对棺材也大加讲究，制造各式各样豪华的棺材。棺材有买的，有自家做的。无论是买的棺材还是自家做的，都要质量有保证。《朱子家礼·丧礼》有详细说明，棺材木料"油杉为上，柏次之，土杉为下"。民间一般用土杉和柳木的比较多。棺材的制作方式是"其制方直，头大足小，仅取容身，勿令高大及为虚檐高足"，就是说棺材不可求大，能容下死者尸体就可。避言买棺材，而叫"买大厝（大厦）"、"买寿板"以取吉祥。过桥及十字路口处，需要留置银纸钱和红布一条，称"放纸"，棺木运回后烧金纸"接棺"，奉放庭中。

第二节
等级森严的丧葬礼规

中国素称"礼仪之邦"。礼，是判定社会成员一切言行是否适宜的统一尺度。作为一种社会规范，每个社会成员都必须自觉地熟悉它的内容，接受它的制约。礼，又是治国安邦的基本法度，是"立国经常之大法"。因此，礼具有社会政治规范和行为道德规范两方面的内涵。中国礼文化的一个显著特点就是具有鲜明的等级色彩。

丧葬礼仪是中国古代文化世俗化的一个重要方面。汉儒所言"六礼"即"冠、婚、丧、祭、乡、相见"，"丧""祭"即为丧葬礼仪——社会各阶层在丧葬习俗方面应该共同遵循的行为规范和守则。

中国古代的丧葬礼仪自其形成之时起，就带有强烈的阶级性和等级色彩。对不同阶层、不同身份、不同性别的人，儒家和历代统治者在丧葬礼仪中都有不同的规定，举凡棺椁的大小、尺寸、用材和数量，明器的类别、数量，坟墓的大小高低，饭含的区别，服饰的不同，铭旌的使用，仪仗的规模以及一切丧葬中的环节。这些依据死者贵贱身份作出的严格规定，等级森严，具有强烈的阶级性。每个社会成员都必须自觉地接受制约。如果僭越，则为非礼，就会遭受社会舆论的谴责，为社会所不容，甚至受到法律的制裁。

死者棺椁的使用规定

儒家丧葬礼仪对死者棺椁的使用有严格的规定。《礼记·檀弓上》和《礼记·丧大记》等均规定：天子棺椁四重，诸侯三重，大夫二重，士一重。类似记载还见于《荀子》和《庄子》："天子棺椁七重，诸侯五重，大夫三重，士再重。"除了对棺椁的数量有明确规定外，而且对棺椁的大小和色彩、质地都有明确的规定。《礼记·丧大记》载："君大棺八寸，属六寸，椑四寸（最内棺）。上大夫大棺八寸，属六寸。下大夫大棺八寸，属四寸。士棺六寸。君里棺用朱（绿），用杂金钻。大夫里棺用玄（绿），用牛骨钻。士不（绿）。君盖用漆，三衽三束。大夫

棺材

盖用漆，二衽二束。""君松椁，大夫柏椁，士杂木椁"。据专家研究，这种棺椁制度到战国时代才在部分地区实行。以后，历代丧礼对棺椁制度都有类似规定。如明代政府规定，品官棺木用油杉朱漆，椁用土杉。

死者用鼎的规定

儒家丧葬礼仪对死者用鼎也有严格规定。列鼎制度形成于西周时代，所谓列鼎，是指在同一墓中随葬一组形制相同、纹饰一致、大小依次递减的鼎的组合。周代是一个崇尚礼仪的时代，对于周人来讲，丧葬礼仪是一种文明象征。周代列鼎制度一般以鼎、簋配套组合，鼎为奇数，簋为偶数。一般讲，天子九鼎八簋、诸侯七鼎六簋、大夫五鼎四簋、士三鼎二簋。如果超越这一礼制，则是"非礼"行为，为世人和社会所不容。但是，到了春秋战国时期，随着周天子皇权的衰落，诸侯力量的强盛，列鼎制度受到冲击，普遍出现"越礼"现象。

死者的墓地规模

在墓地制度上，儒家礼制对其有着严格的等级划分。官位越高，墓地就越大，而相应的坟墓也就越高，装饰也更为精致。在西汉时期，关于坟丘的大小已经有严格的规定，汉代诸侯王坟墓的高度一般在5～8丈之间，而帝王陵要比诸侯王墓更高大，高达12～20丈。例如，据相关资料记载，汉武帝茂陵相当于汉尺20丈，汉景帝阳陵相当于汉尺14丈……而诸侯之下，直到平民都是逐渐递减的。一旦"越礼"，就要受到严重的惩罚。相关史料记载，王莽就曾以恭王母、丁姬两墓与元帝墓等高为由，迫使两墓迁徙他处。在唐代，最贵的陵墓是以方形多层台阶或陵台，次为方形覆斗式墓，再次为圆锥形坟丘墓。在坟墓的高度上，《唐开元礼》规定，一品官坟高1丈8尺，二品以后每低一品减低2尺，六品以下为8尺。在明代时期也有明确的规定，即一品官墓地为90方步，二品为80方步，三品为70方

步，四品为60方步，五品为50方步，六品为40方步，七品以下为30方步。坟高一品为18尺，二品为16尺，以次递降，七品以下为6尺。

墓碑，作为一种体现墓主人身份、地位的重要标志，礼制也做了详细的规定。唐代规定五品以上为螭首龟趺，高不过9尺，七品以上为圭首方趺，高4尺。宋代规定，五品以上立碑，螭首龟趺，趺上高不过9尺，七品以上立碣（圆碑），圭首方趺，趺上高4尺。明代规定，公侯螭首龟趺，碑身高9尺，阔3尺6寸，碑首高3

墓碑

尺2寸，碑趺高3尺8寸；一品官螭首龟趺，碑身高8尺5寸，阔3尺4寸，碑首高3尺，碑趺高3尺6寸；二品官麒麟龟趺，碑身高8尺，阔3尺2寸，碑首高2尺8寸，碑趺高3尺4寸；三品官为天禄辟邪龟趺，碑身高7尺5寸，阔3尺，碑首高2尺6寸，碑趺高3尺2寸；以下品官都为圆首方趺，规格尺寸以此递减；原则上庶人不准立碑。清代也大致如此。

其他丧葬礼规

饭含之物

死者的饭含之物也大有规定。《周礼》规定："君（诸侯）用粱，大夫用稷，士用稻。"《春秋说题辞》认为："天子以珠，诸侯以玉，大夫以璧，士以贝，庶人以饭。"唐代规定，一品至三品为饭粱含璧，四品至五品为饭稷含碧，六品至九品为饭粱含贝。明代规定，一品至五品为饭稷含珠，六品至九品为饭粱含小珠，庶人饭含粱铜钱 3 枚。清代规定，一品至三品含小珠玉屑 5 块，四品至七品含金玉屑 5 块，士人含金银屑 3 块，庶人含银屑 3 块。

石像生

石像生是作为坟墓装饰和死者荣誉的标志，礼制也有规定。唐代规定：三品以上为六事（6 件），五品以上为四事（4 件）。宋代规定，品官大臣墓地石羊虎、望柱各二，三品以上再加石人二；五品以上为石羊二、石虎二、石柱二。明清规定，诸侯至二品，石人二、石马二、石羊二、石虎二、石望柱二；三品，石马二、石羊二、石虎二、石望柱二；四品，石马二、石虎二、石望柱二；五品，石马二、石羊二、石望柱二。庶人不能享受此等礼遇。

敛衣

死者的敛衣也因身份不同而有严格规定，先秦规定：士袭衣三称，大夫五称，诸侯九称，公九称。大敛，士三十称，大夫五十称，君百称。汉代葬制还规定，皇帝穿金缕玉衣，诸侯为银缕玉衣。《唐开元礼》规定：品官小殓衣十九称，大殓衣三十称。明代丧制规定：品官殓衣用朝服一袭，常服一十袭，衾一十番。清代丧制规定：品官常服一袭，复衾一。殓衣，三品以上五称，五品以上三称，六品以上二称。士常衣一称，殓衣一，复衣一。

称呼

对死的称呼上，由于死者身份的不同而有不同的称呼，《礼记·曲礼下》曰："天子死曰崩，诸侯曰薨，大夫曰卒，士曰不禄，庶人曰死。"对此前文已有介绍。

此外，儒家丧葬礼仪在铭旌、随葬器物、葬礼仪仗以及赐祭、赐谥等丧葬的各个方面都有一系列具体的规定。从中我们可以看出儒家丧葬礼制规定的基本依据在于人的贵贱尊卑。通过贵贱尊卑的原则对每个社会成员进行社会定位，旨在营造一个上下有等、尊卑有序、贵贱有别的等级森严的身份社会，维护统治阶级的统治秩序。为了确保丧葬礼制的实施，儒家和统治阶级除了竭力倡导和提倡外，还用法律的手段予以强制推行和保护，对违者根据情节轻重予以惩罚，《唐律》和《宋刑统》均规定，凡在坟墓、石兽、碑三类上越礼，一律杖打一百。为了严防丧葬逾礼，历代统治者还将责任归咎于承办丧事的工匠和行事人身上。明、清两代规定，若承造丧葬器具的工匠逾礼，要鞭打五十。清代还设专人查禁丧葬上的违礼行为，以确保社会各阶层在丧葬上循礼而行。在儒家的倡导和历史统治者的强制推行下，儒家的丧葬礼仪一直支配了我国社会几千年之久。

第三节 丧葬礼仪程序

初终

初终就是人刚死的时候。病人奄奄一息的时候，家里人就要洒水打扫庭院，打扫房屋，清洁家具。让故去的人躺在正寝的床上。有身份有地位的人要撤去箫鼓，家人要静候于床榻旁边。人刚死的时候要进行"属纩"，属就是安放的意思，纩就是絮衣服的新丝棉，只不过那个时候不是丝棉，是一种别的东西，由于新絮非常轻柔，把它放在刚刚断气的人的口鼻上，用来验证是否真的断气了。后来，属纩也成为了将要死的人的代名词。如果验证新絮不动，那就说明人真的死了，家人亲属就要放声痛哭，表达悲痛之情。

人刚死的时候，家人要举行招魂仪式。虽然此时已经不再完全相信天命之说，但是还是相信灵魂不灭的。尤其是认为刚刚死去的人的精气灵魂还在，只要往回召唤他，让他精气神回来，让他的魂魄回来，这个人就能死而复生。这种招魂的仪式称作"复"。

如果经过招魂仪式，死人还是没有活来。那么这个人就是真正的死了，家属也就放弃了，就可以办理丧事。

开始办丧事了，第一步就是讣告，就是报丧。将死者从居住的寝室迁到房子的正中厅堂后，通知亲朋好友。亲朋好友得知以后就要前来吊丧，并且慰问死者家属。如果是国君派来吊丧的使者，死者家属就要在门口相迎。国君赠送衣服给丧家，这叫襚。

人死以后要给尸体沐浴梳洗。沐浴，一般用清水洗浴尸体，这时候，辈分小的子孙都要跑到门外去，朝北站立。沐浴完了要给死者梳妆，这时还要以朱玉、杂米等放入死者的口中，这叫"饭含"。不同地位等级的人，死后饭含的东西不一样，如天子饭黍含玉、诸侯饭粱含璧等。并且要给死者换上一身崭新的衣服，这叫袭，外衣一套的叫作称。此外，还要把死者的耳朵塞住，遮掩面部，并且还要给死者穿戴冠、屦，也就是戴帽子，穿鞋。

小殓

小殓是汉族丧葬风俗。就是给死者穿寿衣，寿衣就是殓服。又称襚服。我国古代重视丧葬礼仪，先小殓（换上寿衣），后大殓（入棺埋葬）。通常身份越高，小殓衣衾越多、越贵重。这个时期就出现缀玉面罩、缀玉衣服等特殊寿衣。天子死后七天小殓，诸侯贵族五天小殓，一般普通人老百姓死后第

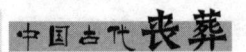

二天就小殓。天子用锦被裹尸，大夫用白布被裹尸，士用黑布被裹尸，都是一套衣服 19 重被子。装殓完毕，撤帷，主人的直系亲属在旁边哭泣，其他人在一旁哭泣。小殓后再摆酒奠基于尸体旁，送吊唁的亲朋好友回家。

大殓

大殓就是把尸体放入棺椁灵堂停尸三至五天，择吉时大殓，又称"入木""入殓""落材"。孝子孝孙及嫡系子侄均跪在棺木四周。棺内底部铺一层石灰，上盖一棉被。两侧放死者生前喜爱之物，然后依次盖"重被"。孝子孝孙及至亲跪拜，放声恸哭，向遗体作最后告别。由于大殓以后离正式的下葬时间还有数月，所以要临时挖一个坑安放棺材，一般在正堂的西阶上。

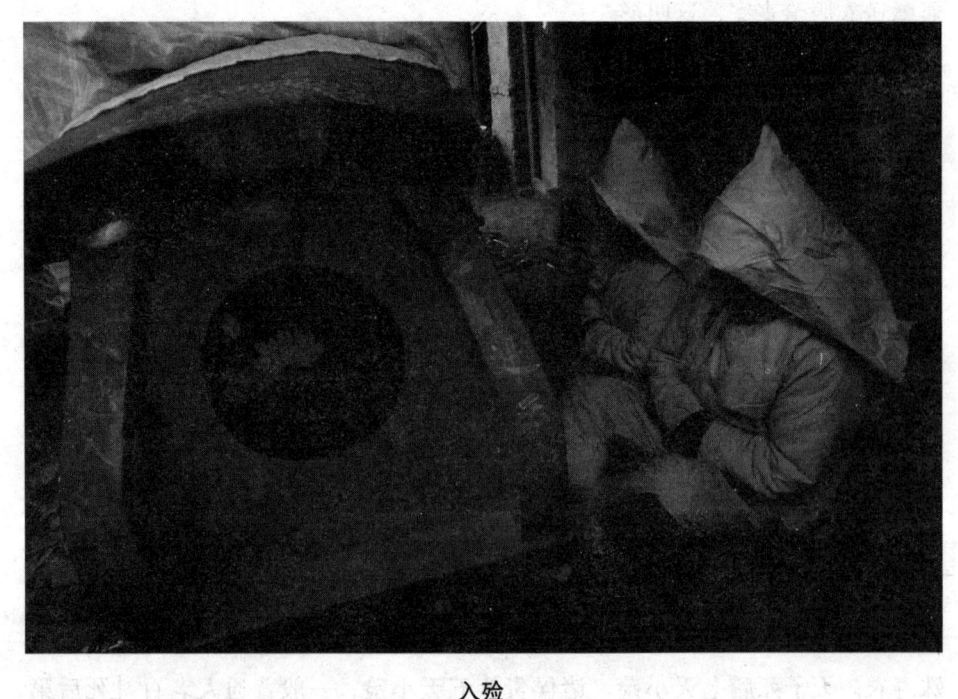

入殓

出殡

出殡就是将灵柩运到安葬或寄放的地点。为死者挑选吉祥的地方，并且为死者打造棺椁，并且对着棺椁哭泣，叫哭椁。奴隶主或者是贵族这个时候要加工准备明器，就是随葬的东西。一切准备就绪，就要选黄道吉日，就是占卜。看看哪天安葬是吉日，然后把结果告知亲友。如果那天不吉利，就再占卜一次。占卜的时候亲人们大哭，占卜完了还要再哭一次。

葬前的二日，要移灵柩朝于祖。就是安葬前告别祖宗，称为祖奠，朝祖。

葬前前一日将丧车推进庙内，天明后灭掉蜡烛，撤去旧奠设新奠。装饰灵柩，把随葬品都准备好，这个过程叫荐车。

下葬这天的大清早，要在祖庙门外设坛，羊、猪、鱼、腊鲜、兽肉分五个鼎。在灵柩车东边设馈和醴酒，陈设明器，然后将五鼎抬入庭中。灭掉前夜的大烛，宾客进入祖庙祭拜，这套仪式叫陈大遣奠。

之后将明器车马等重出庙门，有关人员把收到的助丧之物宣读一遍，完毕众人大哭，灭掉蜡烛出殡。

下葬

下葬就是埋葬死者。终于要到墓地下葬了，灵柩到了墓地抬下来，用绳索缓缓地将棺椁放入墓中。这时候主人又哭又踊，就是向上跳跃。踊毕，用头触地行拜礼。拜毕又踊，然后向亲朋好友行拜礼。此后主人、妇人和宾客交替三踊。完毕，宾客退出，主人拜礼相送。然后将陪葬品放入墓中，在棺椁上加抗木御土，主人掘土三次填入墓穴。填完了以后回到祖庙再哭一场，再到起殡的地方再哭一场，叫反哭。这算埋葬完毕。但是这还不算整个丧礼完毕。

安葬完了以后还要进行虞祭，三虞之后隔一日是卒哭，卒哭之后是祔祭。亲人一周年以后要举行祭祀活动，叫小祥，两周年还要举行大祥之祭。大祥之后的第27个月举行禫礼，丧家才能除去丧服的祭礼，孝子停止居丧，才能回归正常的生活。整个丧礼直至现在才算是真正结束了。

五服制度详解

中国封建社会是由父系家族组成的社会，以父宗为重。其亲属范围包括自高祖以下的男系后裔及其配偶，即自高祖至玄孙的九个世代，通常称为本宗九族。在此范围内的亲属，包括直系亲属和旁系亲属，为有服亲属，死为服丧。亲者服重，疏者服轻，依次递减，《礼记·学记》："师无当于五服，五服弗得不亲。"《礼记·丧服小记》所谓"上杀、下杀、旁杀"即此意。最早

孝服

的丧服礼仪在《仪礼》中已经有比较完整的体现，五服按照血缘关系适用于与死者亲疏远近的的不同的亲属。每一种服饰都有特定的居丧服饰、居丧时间和行为限制。两千年来，汉族的孝服虽然有传承和变异，但仍然保持了原有的定制，基本上分为五等，即：斩衰、齐衰、大功、小功、缌麻。

第一等叫"斩衰"，是五服中最重要的一种。"衰"是指丧服中披于胸前的上衣，下衣则叫作裳。斩衰上衣下裳都是用最粗的生麻布制成，左右衣旁和下边下缝，使断处外露，以表示未经修饰，所以叫作斩衰。对"衰"的解释，就是指不缝缉的意思。凡诸侯为天子、臣为君、男子及未嫁女为父母、媳对公婆、承重孙对祖父母、妻对夫，都要穿斩衰。服期为3年。

次等孝服叫作"齐衰"，是生麻布制成的。自此制以下的孝衣，凡剪断处均可以缝边；下摆贴边都在砸边际。孙子、孙女为其祖父、祖母穿孝服；重子、重女为其曾祖父、曾祖母穿孝服；为高祖父、高祖母穿孝服均遵"齐衰"的礼制。孙子孝帽子上钉红棉球，长孙钉一个，次孙钉两个，余者类推。孙子媳妇带三花包头，插一小红福字。未出嫁、且未梳头的孙女用长孝带子在头上围一宽衰，结于头后，余头下垂脊背，头上亦插一小红福字。孙子、孙女的孝袍子肩上钉有红布一块，有的剪成蝙蝠、有的剪成其他图案。按亡人性别，男左女右，谓之"钉红儿"。重孙子孝帽子上钉粉红棉球，亦长孙钉一个，次孙钉两个，余者类推。孝袍子肩上钉有红布两块，亦男左女右，谓之"钉双补丁儿"。服期不同，因亲疏关系，有3年的、1年的、5个月的、3个月的。

"大功"是轻于"齐衰"的丧服，是用熟麻布制作的，质料比"齐衰"用料稍细。为伯叔父母、为堂兄弟、未嫁的堂姐妹、已嫁的姑姐妹，以及已嫁女为母亲、伯叔父、兄弟服丧都要穿这种"大功"丧服。服期9个月。

"小功"是轻于"大功"的丧服，是用较细的熟麻布制作的。这种丧服是为从祖父母、堂伯叔父母、未嫁祖姑、堂姑、已嫁堂姐妹、兄弟之妻、从堂兄弟、未嫁从堂姐妹，和为外祖父母、母舅、母姨等服丧而穿的。服期5

个月。

最轻的孝服是"缌麻",是用稍细的熟布做成的。服期3个月。现在大多用漂白的布做成。称为"漂孝"。凡为曾祖父母、族伯父母、族兄弟姐妹、未嫁族姐妹,和外姓中为表兄弟、岳父母穿孝都用这个档次。

可见传统礼仪是根据丧服的质料和穿丧服的时间长短,来体现血缘关系的尊与卑、亲与疏的差异的。

五服之外,古代还有一种更轻的服丧方式,叫"袒免"。在史籍中记载:朋友之间,如果亲自前去奔丧,在灵堂或殡葬时也要披麻;如果在他乡,那就"袒免"就可以了。袒,是袒露左肩;免,指不戴冠,用布带缚髻。

第四节 丧葬中的种种禁忌

所谓丧葬禁忌,是指在丧葬过程中那些人们在心理上以为忌讳、在言行上规定不能超越的东西,人们对它或所畏、或所敬、或所恶。丧葬禁忌在古代社会生活中占有很重要的位置,任何人都要受到各种丧葬禁忌的约束。人们相信触犯某条丧葬禁忌,都将遭到不同形式和不同程度的自然的或社会的或自身的惩罚。

禁忌的分类

　　我国古代的丧葬禁忌分为吉凶和义理两类。吉凶性丧葬禁忌是源于宗教信仰，产生较早。在人类的童年时代，人类认识和抵御自然界的能力十分弱小，死亡作为人类面临的最大困惑，一直纠缠着人类的思考。人为什么会死？人死后又要去哪里？死去的人为什么在梦中与自己相会？在困惑和恐怖之中，在生存本能的驱使下，他们只好对死亡这一自然现象盲目崇拜，并不断地在丧葬过程中给它加上种种禁忌。我国古代的丧葬习俗带有浓厚的宗教迷信色彩，丧葬禁忌便是其中的一个主要方面。义理性丧葬禁忌来自社会习惯、社会传统和其他社会因素。在我国漫长的历史发展过程中，宗法观念、等级观念、孝道观念、轮回转世观念、升天观念等也渗入到丧葬中来，并逐步演化

乡村葬礼

为一种人人都需自觉恪守的丧葬习惯和传统，最后变成为一种义理性的丧葬禁忌。

我国古代的丧葬过程中充满着种种禁忌，既有吉凶性，也有义理性，有时，两者又是交叉的。这些禁忌在古代社会生活中一直占据着重要的地位，成为人们不可逾越的禁规。纵观我国古代丧葬活动，丧葬禁忌贯穿于丧葬活动的全过程。

治丧期间的禁忌

病人将死时，要给他脱掉内衣，穿戴好内外新衣。如果来不及穿好衣服就咽气，是"光着身子走了"，那么，死者在阴间会挨冻，对活人也不吉利。

一旦丧事开始，凡是与丧事有关的内外亲属及帮忙的人，都必须脱去锦绣、绯红及金玉珠翠之类的衣饰，换上白布青缣的衣服。

为死者穿衣称小殓，小殓时，主人与主妇都要将头饰卸去，把头发盘束在头上，男子要露肩，主人和主妇要号啕大哭。

出门在外的子女如遇父母之丧奔丧，须启明星出而行，见星而宿，道中哀至则哭，走路时要避开市邑喧闹繁华的地方。

在入殓时，除亲人外，禁忌与死者同属相的人在旁边，否则会导致种种灾祸。

在死后第三天，死者要回来再见亲人一面。这一天，要举行丧仪中的"接三"。到晚上，孝子贤孙们要跪在屋门外路两旁等待死者之灵回来，千万不能挡道！

邻居家有丧事，不要对着邻居家舂米，因为舂米是古代招魂的一种方式，是希望亡魂能够在去阴间的路上闻声而返。如果鬼魂闻声误入自家大门，对自家当然不利。

赴别人家吊丧，如果迟于午后，称为收鼓槌，是不吉利的。送人出殡，

墓葬须有好风水

如果灵柩起行后才到，这是很不吉利的，意为"赶不上棺材（官、财）"。

在办丧礼时，忌让狗、猫见到家里的死尸，认为看见死尸，家里会再死人。这种禁忌是对鬼魂附体的恐慌，即怕死去的亲人把魂附在猫、狗的身上在家里作祟。

在吊丧、埋葬死者时，忌呼死者的名字，因为人死后，其灵魂仍附留在生前的名字上，提及死者的名字，意味着与死者接触的延伸，死者将很快地跟着出现，对生者不利。《礼记·檀弓》记载，有一个叫子蒲的人死了，一个前来哭丧的人直呼死者的名字，孔子的弟子子皋讥讽此人粗野不达礼。可见直呼死者之名所忌之重！

死者死后，其生前用过的东西都要烧掉或埋入墓中，这是活人对死者遗物设以禁忌，是对死魂的防卫。但皮质类衣物不可随葬，因为穿了皮衣入棺来世要变成兽类。

为死者沐浴、整容时留下的死者的头发、胡须、指甲要埋入地里或放在棺中,不能抛掷,否则对生者不利。

在葬地上,有风水禁忌。古人认为墓地风水的好坏,关系到后代的贫富吉凶,所以,坟墓必选吉地。为此有"十不葬"的禁忌,即不葬"粗顽块石、急水滩头、沟源绝境、孤独山头、神前庙后、左右休囚、山冈撩乱、风水悲愁、坐下低小、龙虎尖头"。

守丧期间的禁忌

守丧的人在和大家席地而坐的时候,要单独坐在一个席子上而不能和大家坐在同一张席子上,以免经由席子将丧气传给别人。

在守丧期间,大臣不能从政,国君也不敢前去探望;死了丈夫的女人称"鬼婆",有接近或娶之者,必受其丈夫魂灵之祟。

在守丧期间,夫妇不可同房,若同房生子亦不可收养。因为夫妻交接"施气",鬼魂就会乘机附体,生下的小孩受了这种感应,自然不祥。

在衣着方面,忌穿彩服,要穿丧服,丧服大致是:男子去冠,把头发挽束成髻形,然后腰系麻绳,手执拐杖(哭丧之棒)。女子也束发,系以麻绳,脸戴面罩。男女衣服不缉边。这样做,一是为了使鬼魂认不出来,二是为了驱鬼、吓鬼。麻绳、拐杖都有避邪、驱鬼的功用,因此睡觉时要不解麻绳,不离拐杖。

在饮食方面,君父始死,必须绝食三天。三天之后可以进食,不过限制很严,每天早、晚只能吃一溢米(一把米)制成的粥。过了既虞以后,才可以吃蔬食米饭、饮喝汤汁之类。饮茶

守丧贴白联

时，举杯不能用茶托，茶托多为红色，与代表丧事的白色相冲。

在居住方面，孝子在守丧期间，一段时间要居住在用白色的土粉刷过的陋屋里。除了尽孝之外，也取避邪之意。这种白土粉刷过的屋子叫"垩室"。由于居丧期间居垩室及丧服的颜色是白色的，所以，以白色的东西为丧事的象征。

在容体方面，要"恶貌"，面容憔悴，披头散发，这一方面是追求儒家孝子的哀容，另一方面也是为了驱鬼和避邪。鬼怕巫，而巫师都是披发状。

在言语方面，父母之丧，要非丧事不言，尽可能沉默；如要说话，要不加文饰。

在娱乐方面，严禁声乐歌舞，不近女色。

亲人死去一周年，叫忌日，古有"忌日不乐"的禁忌。

在做七上也有禁忌，各地有差异。浙江杭州地区有撞七歌谣，即为死者做七的那天正好碰上农历初七，被认为是不吉祥的。如头七撞七，死鬼打得叫屈；四七撞七，墙壁坍突；七七撞七，眼睛突出；男怕撞头（头七），女怕撞脚（七七或断七），均为死亡之意。

在丧期内，不可洗涤，不剪指甲、不剃头。其意义之一是为了避鬼魂。洗澡时，除去丧服，便有鬼魂附体的可能；洗头发时，发必脱落，也有鬼魂袭人的可能。

知识链接

待尸歌

鄂西北农村有为死人通宵守灵的习俗。守灵时，孝家的亲朋乡邻聚于灵前,"歌布袋"们轮番唱歌,此起彼落,孝家以此寄托哀思,消除悲伤和困倦。这个风俗是何时兴起来的呢?

相传在三国时期,蜀国的诸葛亮和魏国的司马懿是死对头。阵前交锋,司马懿总是损兵折将,诸葛亮足智多谋,屡战屡胜。后来,诸葛亮不幸病死在军中。司马懿又喜又恨:喜的是对手已死,恨的是未能抓到诸葛亮,碎尸万段。

诸葛亮是个能人,会神机妙算,前五百年和后五百年的事他都了如指掌。他临终前,已经算定了在他死后,司马懿会来盗尸、鞭尸,或者挖坟、焚尸,以发泄私愤。诸葛亮秘密吩咐军士、家丁,在他死后务必停尸三天三夜,派专人守护遗体。夜晚,在灵前击鼓传唱,通宵达旦。三天以后出殡安葬,继续派人在坟前守护,四周点上通明篝火,不得有误。

诸葛亮死后,司马懿果然派人前来盗尸,见灵前人来人往,鼓乐喧天,歌声不断,下不了手。三天以后,出殡安葬了,坟前依然是不断人,篝火通明,还是下不了手。又过了三天,诸葛亮的遗体已经腐烂、发臭了,鞭打、焚尸已经没有多大意思了,又见防范严密,司马懿只得愤愤作罢。

从此,守灵、唱歌的风俗就流传开了。在十堰农村,称为"待尸歌"或"打待尸",就是围着灵棺边走边唱。襄阳农村称为"孝歌",宜昌、巴东一带称为"跳丧鼓",边唱边跳。

第二章

古代安葬方式与葬法

我国五十六个民族共同创造的丧葬文化内容极为丰富,就丧葬类型来看,可分为塔葬、火葬、水葬、土葬、天葬、树葬、悬棺葬、腹葬、复合葬等。这诸种葬俗在不同的历史时期,不同的区域,不同的民族里,在历史的传承和变异中,呈现出各自殊异的色彩。

第一节
常见的安葬方式

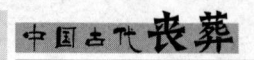

墓葬

墓葬,在古代社会发展和文明进程中是一件十分重要的事情,留下了十分丰富的物质和精神财富。今天保存下来的许多文物古迹不少就是坟墓的遗迹、遗物。

我国由于历史悠久而且连绵不断,加之崇拜祖先的习俗和厚葬制度的盛行,历代各阶层各种类的墓葬,从帝王陵寝到平民百姓的大小坟墓,几乎遍布青山绿野,数量之多,难以胜计。近代科学研究表明,墓葬起源于人们灵魂观念的产生,大概在原始社会的中期就已经开始了。认为人虽然离开了人世,但灵魂仍然活着,是到另一个世界去了。这些不死的灵魂,还能回到人间来降祸福。因而人们对于死去的祖宗除了存有感情上的怀念之外,还盼望他们在另一个世界过上美好的生活,并对本家本族的后人加以保佑和庇护,这就产生了一套隆重的、复杂的、神秘的祭祀崇拜礼仪制度和埋葬制度。这一发展过程曾经历了几千年以至万年的漫长岁月,我们不仅从历史文献中可以看出,从考古发掘中也得到了丰富的物证。

由于厚葬制度的产生,历代统治阶级把大量搜刮来的财宝用来为自己修

第三章　古代安葬方式与葬法

建豪华的陵园和地下宫殿，并把大量的财宝埋进了坟墓之中。除了金银财宝之外，还有大量的日用器物、工艺美术品、文房四宝、图书绘画以及生产工具、科技成果等。可以说是无所不有、无所不包，真称得上是一座座地下珍宝仓库，今天看来则是一座座珍贵的地下文物仓库和博物馆。这些埋葬物品之所以珍贵，还在于它们都是当时盛行的东西，都是当时特别制作的，比较准确地反映出当时的生产力、科学技术水平和生活习惯、艺术风格等。作为历史的见证，出土文物较之传世品更为可靠。埋藏在墓葬内的地下文物，由于数百年、几千年、上万年与外界空气阳光隔绝，恒温恒湿，保存条件良好，

古代贵族墓葬

许多仍然是完整如新，光艳夺目。它们是一笔不可估量的历史文化财富，充分反映了古代先民和能工巧匠们的聪明智慧与技艺水平。

由于对祖先的崇敬与怀念，希望他们在另一个世界生活得好，以及盼望他们对本家本族的后人加以保佑和庇护，是古代所有人的愿望、全民的信念。因此，不管是帝王、官吏和平民，甚至是非常贫困的人都要尽自己之力为先人的安葬营建和置办葬品，因而从墓葬的形制等级、规模大小，随葬品的内容、多少等也都反映出各个时期的人们的阶级地位和社会情况，反映了历史的一个侧面。各式各样的民间墓葬如悬棺葬、船棺葬、崖葬、水下墓和各种瓮棺等，它们的规模和埋葬品虽不如帝王陵墓之豪华与宏大，但其所反映内容之丰富多彩又是帝王陵墓所不及的。

被盗过的墓葬

中国墓葬，形成的直接原因是有关"阳间"的宗教意识作用于人类思想的结果。但是，生活在"阳间"的人们是无法了解"阴间"的生活法则的，人们只有根据"阳间"的模式来设计"阴间"的生活方式。因此，墓葬的形制和葬俗通常反映着当时社会的文化、人们的生活方式和风俗习惯。随墓主人而葬的随葬品通常表示着墓主人生前对这些财物和生活方式的占有性质。同一件随葬器物在不同时期、不同地点、不同墓葬甚至在墓葬中的不同位置所表示的意义也不相同。

因此，可以说中国古墓葬是中国古代社会生活及文化的反映。如果把中国古代社会比作一只航行在人类历史长河中的木船的话，那么中国古墓葬就是这只木船在水中的倒影。中华民族五千年文明历史的进程，在这里留下了深深的脚印。

火葬

我国历史上包括汉族在内的许多民族都实行过火葬。这种葬俗的流行地区之广，延续时间之长，对社会影响之大，仅次于土葬。

火葬在我国出现得很早，可追溯到数千年前的原始社会。1945年发掘位于甘肃临洮寺洼山新石器时代遗址时，在一座墓葬的陶罐中盛有火化后的骨灰，这是迄今发现的年代最早的火葬实例。先秦诸子中已有关于火葬的记载，《墨子》云："秦之西有义渠之国者，其亲戚死，聚柴薪而焚之，熏上，谓之登遐，然后成为孝子。"义渠属古代西羌族的一支，地近秦国，当时主要活动在今甘肃庆阳一带。《吕氏春秋·义赏》云："氐羌之民，其虏也，不忧其系累，而忧其不焚也。"意思是说他们被其他部族俘获以后，并不惧怕捆缚囚禁之苦，只是担心死后不能得到火化。可知火葬是该民族最理想的安葬方式。上述材料说明，火葬的习俗至少在先秦时期就已经开始流行，当时采用火葬的主要是西北地区的羌、氐等少数民族。

汉、唐时期，火葬的流行地域逐渐扩大，但仍主要集中在少数民族地区。汉代汶山郡的冉骁夷，"死则烧其尸"（《后汉书·南蛮西南夷列传》）。原属汉代日南郡象林县的南朝林邑国，"死者焚之中野，谓之火葬"（《南史·夷貊上》）。唐贞观四年（630年），东突厥首领颉利可汗被唐将俘获，数年后死于长安，"从其礼俗，焚尸于灞水之东"（《旧唐书·突厥上》）。

唐代以前的史籍中没有关于汉族实行火葬的记载，这里仅可举出一条埋藏在地下的文物资料，1928年出土的《汉五凤石函记》有如下文字：

惟汉五凤二年，鲁卅四年，六月四日，校尉卜伊讨北海，四十战，卒上谷，火葬家焉。

"五凤"是汉宣帝的年号，五凤二年即公元前56年。汉族火葬的历史虽可追至西汉时期，但直到唐代，这种葬俗尚未被汉人普遍接受。

大约在五代时期，火葬在汉族中逐渐流行开来。《新五代史·晋高祖皇后李氏传》记载，后晋亡国后，晋出帝和部分皇室贵族被契丹人掠往建州，李太后临终前遗言出帝："我死焚其骨，送范阳佛寺，无使我为房地鬼也。"帝从其言，"焚其骨，穿地而葬焉"。同书《晋高祖安太妃传》记载，安太妃卒于自辽阳徙建州途中，临卒谓出帝曰："当焚我为灰，南向扬之，庶几遗魂得返中国也。"死后焚尸而葬。李太后和安太妃为后晋皇室的重要成员，她们死后都是火葬的，说明汉人实行火葬在当时已不是个别现象。

宋、元之际，火葬风靡各地，是古代火葬最为盛行的时期。《东都事略》记北宋初年葬俗："近代以来，遵用夷法，率多火葬。"《宋史·礼志》记南宋民间火葬："今民俗有所谓火化者，生则奉养之具唯恐不至，死则燔爇而弃捐之。"《大元圣政国朝典章》记载，元代"北京路百姓父母身死，往往置以柴薪之上，以火焚之"。意大利旅行家马可·波罗在宋末元初来到中国，用将近20年的时间遍游全国，他在相当于今天的宁夏、甘肃、河北、山东、湖北、四川、江苏、浙江等省区的许多地方，都亲眼看到了火葬的情况，并详细记载于《马可·波罗行纪》之中。除文献记载外，考古工作者还在全国的十几个省市发现了大量的宋元时期的火葬墓，遍布南北各地。

当时民间火葬的具体过程，各地不尽相同。《马可·波罗行纪》详细记载了今敦煌一带居民死后火焚的各种仪式：

人死之后，家属必须请阴阳先生选定焚尸的日期即所谓"吉日"，日期未到，尸体则停放于家，有的甚至要停放六个月之久。尸体用色彩斑斓的布帛裹覆，放在棺材之中。棺材要做得非常严密，不留缝隙，表面施有各种彩绘，棺内放很多樟脑香料，以除尸臭。停丧期间，每日必陈饮食于柩前桌上，供死者之魂"享用"。焚尸前，死者的亲属在灵柩经过的途中建一木屋，裹以金锦绸绢；柩过木屋时，屋内的人呈献酒肉和其他食物于柩前，让死者带到另外一个世界去享受。到了焚尸的场所，将盛尸的棺柩同预先用纸扎作的人、马、骆驼、钱币等物一起放进烈火焚毁，认为这样死者就会在阴间得到奴婢、

第三章　古代安葬方式与葬法

牲畜和钱财，火葬仪式至此宣告结束。

马可·波罗还记述了江南水乡杭州的火葬习俗："人死焚其尸。设有死者，其亲友服大丧，衣麻，携数件乐器于尸后，在偶像前作丧歌。及至焚尸之所，取纸制马匹、甲胄、金锦等物并尸共焚之。"杭州城居民的火葬仪式似乎比敦煌一带简单。有些地方的火葬则更为简单草率，"亲死肉未寒，即举而付之烈焰"。

城市居民焚尸的场所一般都在城外，而且通常在佛教寺院中。南宋海盐县城西五里，有专门焚烧尸体的"焚化院"（《闲窗括异志》）；吴县城外通济寺内，设有"化人亭"（《黄氏日钞》）。宋理宗景定二年（1261年）《申判府程丞相乞免再起化人亭状》云：

照对本司久例，有行香寺曰通济，在城外西南隅，可一里。本寺久为焚人空亭约十间，以网利。邪说谬见，久溺人心，合城愚民，悉为所诱。亲死

火葬前的洗礼

肉未寒,即举而付之烈焰,杖棒碎析,以燔以炙,余骸不化,则又举而投之深渊。

文中详细描述了城外通济寺"化人亭"焚尸的情景。元代都市内严禁焚尸,必须到指定的离城较远的地方焚化,地点也多在寺院内。(《马可·波罗行纪》)有些城镇则在河边沙滩上焚尸,"衢人之俗,送死者皆火化于西溪沙州上"(《夷坚志》)禁止在人口稠密的城内焚化死尸,当是从卫生的角度考虑的。

对尸体焚化后所余骨灰的处理,有多种方式。很多火化场设有"漱骨池",骨灰置于池中。《清波杂志》记宋代浙右风俗:尸体在寺院焚化后,僧人"凿方尺之池,积涔蹄之水,以浸枯骨",每逢节日,家人携带供品设祭于池边。有的将骨灰寄放在寺院,任僧徒处置,如河东一带"民家有丧事,虽至亲悉燔爇,取骨烬寄僧舍,以至积久弃捐乃已,习以为俗"(《倦游录》)。有的将骨灰投于"清冷之渊",抛撒到江河水流中去。也有的把骨灰收贮在陶罐、瓷瓮、木匣、瓦棺或石棺内,修筑墓室,起坟埋葬,火葬后而土葬。目前发现的宋元时期的火葬墓,就属于这种情况。据元人李京《云南志略》记载,西南地区的少数民族对骨灰的处理又别具一格,或"葬其骨于山",或"不收其骨",弃之荒野。

民间的火葬在文学作品中也有反映。如《水浒传》第二十六回"郓哥大闹授官厅武松斗杀西门庆"描写武大遭潘金莲毒害身死后被火化的情景:

火家听了,自来武大家入殓。停丧安灵已罢,回报何九叔道:"他家娘子说道:只三日便出殡,去城外烧化"……第三日早,众火家自来扛抬棺材……来到城外化人场上,便叫举火烧化……何九叔把纸钱烧了,就撺掇烧化棺材……棺木过了,杀火收拾骨殖,撒在池子里。

文中详细地记述了火化武大的全部过程,诸如入殓、停丧安灵、焚尸、处置骨灰等,与史籍中记载的火葬仪式大致相同。《水浒传》的作者施耐庵、罗贯中系元末明初人,长期生活在社会基层,游历甚广,他们记述的风土民

第三章　古代安葬方式与葬法

情多为其耳闻目睹，是了解当时民间火葬习俗的珍贵资料。

明、清时期，火葬的习俗仍在民间流行，边远地区尤甚，"死者皆火焚"的现象比比皆是。明代杂剧《刘盼春守志香囊怨》有辞云："如今买了个棺材殓了他，众亲戚邻里都送出城去火焚了罢。"明末清初学者顾炎武在《日知录》中说："火葬之俗，盛行于江南。"清人黄汝成在集释《日知录》时描述了清代道光年间江南名城杭州火葬的情形："火葬之事，杭城至今犹沿其俗，至为惨伤，而长官不为禁止，士大夫不知动色诫谕，习为故常。"直到清代末年，河南开封一带还对夭折的幼童实行火葬，"如二三岁小孩因病殇亡，必焚其尸于野，使成灰随风而散，其意谓除其祸根，以保下胎之安宁也"（《清稗类钞·丧祭类》）。由于朝廷严加禁止，明、清时期的火葬已不如宋、元盛行，呈日渐衰微之势。

火葬虽在古代盛极一时，但其境遇不佳，历来被封建统治者视为有伤风化的"恶俗"而屡加禁止。依汉族的传统观念，死者最理想的归宿是九泉黄壤，火葬"惨虐之极，无复人道"，是难以容忍的"焚如之刑"。在我国古代，一些生前恶贯满盈的"极恶"之人，死后往往被掘坟剖棺，焚尸扬灰；有的为了发泄对某人的刻骨仇恨，也经常采取毁其祖坟、焚其尸骨的极端方式。因此，唐代以前佛教虽早已传入，但其火葬的习俗却未被汉族所接受，只有边远少数民族和佛教僧徒实行火葬，普通汉人火葬者犹如凤毛麟角。五代以后，由于佛教文化的全面渗透、异族的大量内迁以及经济方面的原因等诸多因素，人们对火葬的抵触情绪逐渐减弱，火葬随之在民间盛行开来。但作为封建朝廷，则一直对火葬采取严加禁止的态度。北宋初年，太祖赵匡胤曾下诏禁止，《东都事略》载其诏曰：

王者设棺椁之品，建封树之制，所以厚人伦而一风化也。近代以来，遵用夷法，率多火葬，甚忝典礼，自今宜禁之。

南宋时亦多次设禁，《宋史·礼志》载绍兴二十七年（1157年）禁令："方今火葬之惨，日益炽甚，事关风化，理宜禁之。"到了元代，朝廷仍禁火

火葬在古代不为认同

葬。特别强调要禁止汉人火葬,对军卒、客旅及少数民族则放宽限制。明王朝的态度更加严厉,除诏令天下外,还将禁绝火葬写进法律条文,《大明律》的礼律和刑律规定:焚毁尊长及他人尸体者,处斩刑、流刑或杖刑。用严刑峻法的手段保证禁令的实施。清政府不仅将明律中禁火葬的条款照搬到清律中来,而且还别出心裁地采取邻人地保互相监督制约的办法贯彻禁令。发现违禁者要"报官严拿,尽法惩治";知情不举者与违禁者"一体治罪"。

为了杜绝火葬,历代封建朝廷除严令禁止外,还采取了一些相应的措施。针对很多人实行火葬是因家贫无葬地所致的实际情况,官府常常出面安排葬地。《宋史·礼志》记载,北宋元祐年间,韩琦镇守并州,"以官钱市田数顷,给民安葬";南宋绍兴二十八年(1158年),户部侍郎荣薿建议:"令州郡置荒闲之地,使贫民得以收葬,被朝廷采纳,下诏颁行"。元代规定,"其贫民无地葬者，则于官荒地内埋了；无人收葬者，官为埋瘞"(《元典章》卷30)。明朝也采取了类似的措施，洪武三年（1370年），太祖朱元璋谕令礼部："其贫无地者，所在官司择近城宽闲地为义冢，俾之埋葬。或官游远方不能归葬者，官给力费以归之"(《明太祖实录》卷53)。由国家出资为贫穷者和无主之尸设置的葬地，古代称为"漏泽园"或"义冢"，类似后来的公墓。

由于佛教文化的根深蒂固，加之没落的封建制度不断地使更多的农民失去土地、沦为赤贫，尽管历代封建统治者屡颁禁绝火葬的诏令，甚至动用法律武器，并大发慈悲开设了漏泽园，但圣上旨意和严刑峻法仍难改变人们的宗教信仰；杯水车薪的漏泽园也不能使所有的赤贫者都沐浴到"浩荡皇恩"。因此，民间的火葬之俗禁而不止，革而不除，盛行于封建社会后期长达千年之久。

水葬

所谓水葬，就是将死者葬入水中。我国古代的水葬有多种方式，比较典型的是把遗体整尸或肢解后抛进河流；有的则是将尸体火化后的骨殖以水为葬。

在古代实行水葬的民族中，首先应该介绍的是藏族。这是因为，水葬在藏族中较为盛行。其行葬方式也颇有特点，属于典型的水葬。从现存的史料来看，至少在清代初期，西藏一带就已经普遍流行水葬。约成书于康熙年间的《西藏志》风俗篇云："人死喂鹰，或沉水。"沉水即沉尸于水，指的就是水葬。藏族习俗，正常人死亡行水葬者，必须将尸体割碎，然后抛入水中；如不肢解尸体

水葬

而葬之于水，要受到地方当局的追究查办。碎尸的目的是为了让鱼吃掉，因为古代藏民将鱼尊为"河神"，尸体被鱼吃掉是很荣耀的事情。孕妇、麻疯病等非正常死亡者，被视为"极不净"之人，实行水葬是对他们的惩罚，而且尸体不得肢解，用皮革裹严，整尸弃之河流，以免沾污了河神之口。水葬的习俗至今仍流行于西藏地区，死者大部分是乞丐、鳏夫、寡妇等经济地位十分低下的人。水葬时，将尸体背到河边，或碎割细剐，或白布裹尸，投入洪流。藏南深谷区因为少鹰，无法天葬，死者不论身份高低，多以水为葬。

古代其他民族的水葬多与火葬联系在一起。《梦余录》云："近又有燎其亲之尸，饮酒至醉，拾其残骨掷之于水，谓之水葬。"即先将死者的遗体火化，再把余骨葬入水中。水葬的地点或在江河，或在溪流，或在湖泽，或在大海，因地制宜。有的将遗骨装进容器，沉入水底；有的将骨灰直接撒向水中，任其漂散。《通典》卷188记林邑国水葬之俗：

王死七日而葬，有官三日，庶人一日。皆以函盛尸，鼓舞导从，舁至水次，积薪焚之。收余骨，王则入金中，沉之于海；有官者以铜，沉之海口；庶人以瓦，送之于江。

依死者生前地位的高低，分别用金、铜、瓦三种不同质地的罐状容器盛放余骨；葬所亦不在一处，有海中、海口、江河之别。宋人傅守刚的父亲火化后，诸子"编荆成筐"，将其父遗骨捡入筐中，第二天"捧筐至大泽，而投清冷之渊"。(《宋学士文集》)

先火焚然后以水为葬的习俗，是我国古代水葬的主要方式，流行地区甚广，为大多数民族所采用。

天葬

在不同的民族和地区，有各种各样的天葬方式。或者将死者的尸体碎割细剐，喂鹰饲犬；或将尸体弃之荒野山地，任凭鸟啄兽食。其共同的特点是人死之后不用棺椁，不入坟墓。这类葬俗古书中又称为"鸟葬""兽葬""野葬"等，主要流行于少数民族地区。

提起天葬，人们很自然地把它和居住在世界屋脊之上的藏族同胞联系在一起。古代的藏族从什么时候起开始实行天葬？由于史料缺乏，目前尚难理出明晰的线索。约成书于清代康熙年间的《西藏志》（此书相传为康熙皇帝的第17子果亲王允礼撰写），对西藏地区的天葬已有明确记载：

> 西藏凡人死，不论老少男女，用绳系成一块，膝嘴相连，两手交插腿中，以平日所著旧衣裹之，盛以毛袋……其尸放二三日或五七日，背送剐人场，缚于柱上，碎割喂鹰，骨于石臼内杵碎，和炒面搓团喂狗。剐人之人，亦有牒巴管束，每割一尸，必得银钱数十枚。无钱则弃尸于水，以为不幸。

这段文字告诉我们，碎尸喂鹰的天葬习俗至少在清代早期就已经盛行于西藏境内。

除藏族外，其他少数民族也曾实行过天葬，具体方式不尽相同。《南史·扶南国传》中就有"鸟葬则弃之中野"的记载，这里的"鸟葬"即指天葬。据《清稗类钞·丧祭类》记述：清代西康地区，"人死以尸送之于山，任乌鸦食其肉，所余之骨收而碎之，敷以麦粉，复为鸟食，必食尽而后止，名曰天葬"；甘肃、青海一带的少数民族，会将死者的尸体背送到沙漠无人之处，吹响一种用年轻女子胫骨制作的管状乐器，以召唤食尸之鸟。顷刻，"翼声飒飒，鸟四集，地为之黑，血肉食尽。……骨尽，则相与庆慰，谓之天葬"。这种葬式与西藏的天葬有许多相似之处。古代蒙古族中的普通人死后，会将尸体裸放在木轮车上，让牛拉着在草原荒野上快跑，直到尸体掉下来，让野兽或鹰隼吃掉，他们认为这样死者的灵魂即可升入天堂。如果几天之后，尸体没有被鸟兽食尽，则被视为不吉利，还需延请喇嘛念经，以祈祷消灾免祸。

悬棺葬

悬棺葬是古代南方少数民族一种奇特的葬俗，以将盛放死者的棺柩放置在人迹罕至的悬崖峭壁之上为主要特征。用三国东吴人程莹的话说就是"悬著高山岩石之间，不埋土中作冢墩也"(《临海水土异物志》)。棺木的放置方法多种多样：或利用岩壁间的缝隙处架设；或在岩壁上凿孔，楔入木桩，支托棺木；或凭借天然岩洞及人工挖凿的洞穴，将棺木置于其中。

悬棺葬主要流行于南方长江流域和沿海地区。在我国的福建、台湾、浙江、江西、安徽、湖南、湖北、广东、海南、广西、四川、云南、贵州以及陕西等省区，都发现有悬棺葬的遗迹。此外，在太平洋群岛和东南亚的一些国家，也有悬棺葬的存在。可见这种葬俗的流行区域是何等的广泛！

悬棺的葬俗在历史上出现得很早。根据现有的考古资料，时代最早的悬棺葬在福建武夷山地区，这里发现的两具早期悬棺经科学测定年代大约相当于历史上的夏、商时期。上起三代，下迄明、清，这一奇特的葬俗在南方中国

古老的悬棺葬

第三章 古代安葬方式与葬法

的少数民族地区盛行了数千年之久。直到现代，台湾红头屿高山族的耶美人，仍保持着悬棺的习俗。用"源远流长"来形容悬棺葬的历史，是恰如其分的。

历代文人学士早就注意到了这种置棺于崖的葬俗，并把它作为奇观胜景记录下来，因而在史籍中留下了丰富的记载。"悬棺"一词，最早出现于南朝时期。生活在梁、陈之际的顾野王云：武夷山"谓之地仙之宅，半岩有悬棺数千"（《太平御览》卷四十七）。在不同的时代和地区，人们对悬棺葬的称呼五花八门，如"敞艇""仙人屋""仙骨函""沉香船""亲家殿""凉骨坟""葬堂"等，其名称不下二三十种。顾名思义，古人的这些称谓从不同的角度形象地反映了悬棺葬的特点。现代从事考古学和民族学研究的人，对悬棺葬亦有多种称谓，如崖洞墓、崖墓、崖棺葬、船棺等，有的则主张将我国和东南亚地区的这类葬俗统称为"崖葬文化"。

从文献记载和实地调查的情况来看，古代悬棺葬的葬所一般选择在濒临江河的悬崖绝壁上，其地"峭石凌空，飞猿莫度"，至为险峻。唐代五溪蛮族父母死，"于临江高山半肋，凿龛葬之"（《朝野佥载》）。明代仡佬族"殓死有棺而不葬，置之岩穴间，高者绝地千尺，或临大河，不施蔽盖"（《炎徼纪闻》）。清代四川珙县僰人"于岩端凿石，钉置棺其上，岩高百仞，下临符江"（乾隆《珙县志》）。在南太平洋群岛和东南亚的一些地方，因地处海岛，许多悬棺不是濒临江河，就是面向浩瀚的大海。

悬棺葬的葬具有多种类型。比较常见的是用独木凿成圆筒状棺材；有的将棺木做成船形，两头翘起，中间有船舱，舱内盛放尸体和随葬品，有的则与一般棺材相同，用木板合钉而成，呈长方形或方形。此外，也有用瓷缸盛放尸骨的，如明代武夷山升真洞"有神仙蜕骨，贮以雷纹瓷缸"（《大明一统志》卷七六）。在个别地方，还将死者的骨殖装入陶罐，置于山崖之上。

对尸体的处理上，悬棺葬有一次葬、二次葬、火葬等几种形式。一次葬就是将尸体直接装入棺内，葬于山间。二次葬是在尸体的肌肉腐烂后，将遗骨收入棺内，再送到悬崖上去。如《武夷山志》载，明代万历年间，道士程应元"至金鸡洞中，云中藏楠木甚多……上置仙蜕十三函，每函或颅骨数片，或胫骨二三茎，手骨一二节，皆裹以锦帕"。这位道士在崖洞中所看到的尸骨支离破碎的情景，无疑是二次葬的遗迹。意大利旅行家马可·波罗在云南境内的蛮族部落中则看到了另外一种情景："人死焚尸，用小匣盛其余骸，携之至高山山腹大洞中悬之，俾人兽不能侵犯"（《马可·波罗行纪》）。这是一种崖葬与火葬相结合的特殊葬俗。

在缺乏起重设备的古代，人们是如何将数百斤重的棺材放置到悬崖上去的呢？历代文人学士对此百思不得其解，认为非人工所能为，于是就给悬棺葬涂上了一层层神灵迷信的色彩。其中最有代表性的是所谓的"神仙"说。自南朝顾野王称这种崖葬为"地仙之宅"和"仙人葬处"之后，唐、宋以来，不少文人墨客步其神仙说之后尘。洪迈《夷坚志》云："泰宁县东十五里有仙棺石……棺木在岩间，其处峭绝，人莫能上，疑仙人蜕骨送于此。"宋代著名学者朱熹也说"今崇安有山名武夷，相传即神仙所宅"（《武夷山图序》），他的《武夷榷歌十首》第一句就是"武夷山上有仙灵"。明代周鸿《天柱岩诗》亦云："野鹤飞来成怪石，仙人升去有遗迹"。他们或认为是神仙的住宅，或认为是仙人升天后留下的仙迹。史籍中记述悬棺葬时也常常以仙字名之，如"仙人屋""仙蜕石""仙骨函""仙船""仙人换骨处"等，都把此种葬俗和神仙联系起来。

关于悬挂棺柩的方法，唐人张鷟给我们留下了一点线索，他在《朝野佥载》中说，五溪蛮是"自山上悬索下柩"的。据今人考察，悬棺葬的工程大致是这样的：先把人从山顶用绳索吊至半山，在崖壁之间开凿洞穴或安插木桩；再将棺柩抬送到山顶，用绳索吊放到木桩上或洞穴中。如此艰巨的工程，不用说古代，即使在工具比较齐全的今天，这也绝不是一件轻而易举的事情。难怪古人视其为神仙之作，感慨万分。当然，神仙是从来没有的，如果说有的话，那就是古代的劳动人民，他们聪慧勇敢，巧夺天工，是当之无愧的"神仙"！

第三章 古代安葬方式与葬法

古代的南国之民为什么要将死者安葬在悬崖绝壁上呢？这和他们的宗教意识和信仰是分不开的。有的民族认为，人死之后放得越高越好，做晚辈的才算尽到了孝道。如唐代的五溪蛮，父母死后，先将尸体放在村外，三年后再安葬到临江的山崖上，"弥高者以为至孝"（《朝野佥载》）。僰人以死者的棺木高悬为吉利，"争挂高岩以趋吉"（《叙州府志》）。元代李京《云南志略》载，土獠人死，"则以棺木盛之，置于千仞巅岩之上，以先坠者为吉"。认为悬放的棺木很快坠落就是大吉大利，子孙可得到福祐。有些民族实施悬棺葬的目的则是为了保护死者的尸体，葬在高处就可免遭人为的扰动和鸟兽的伤害，"俾人、兽不能侵犯"。如明代贵州的康佐苗，人死"三五日方置尸岩穴间，藏固深闽，人莫知其处"（《嘉靖图经》）。现代台湾雅美人一般实行土葬，对"恶死"者（因难产、溺水、暴病等致死）、生前品行不好和无亲属的垂死病人才实行崖葬，认为如此方能使这些"恶鬼"的幽魂远离本岛，不致留下来作祟人间，与其他民族崖葬的动机迥然有别。上述情况说明，不同时代、不同地区、不同民族虽然实行大致相同的悬棺葬或崖葬，但内含的宗教观念却不尽一致，甚至大相径庭。

采用悬棺葬式也和死者生前的生活习俗有着密切的关系。盛行悬棺葬的南国之地多山多水，生活在这种环境中的古代各族人民与高山秀水结下了不解之缘，他们常常以山为居。如宋代黔南一带的山獠，"礼异俗殊，以岩穴为居止"（《太平寰宇记》卷168），居住在天然的岩洞里；有的"依山林而居"（《桂海虞衡志》），栖身于岩壁下面的丛林间。清代贵阳广顺周围的苗族，"择悬岩凿窍而居，不设床笫，构竹笫上下，高者百仞"（《大清一统志》卷391）。人们活着的时候居于山间，死后就按照生前的居住习惯安置尸体，使死者能够和过去一样在另外一个世界上安居乐业。据现代民族调查资料，广西龙州地区的壮族群众对本族崖葬的起源持如下说："我们的祖先原先是住在山洞里的，后来人口多了，山洞不够住，才分居到地上和树上。人们生时既然住在岩洞里，死后当葬回原处。"随着时代的进步，一些民族的居住条件发生了变化，但安葬死者的方式却保留了古老的传统。

知识链接

甲马纸通神

三国以前，白族地区就有信巫之事。"巫画"的流行逐渐衍变为后世的"甲马纸"。

云南省大理州白族地区流行的木刻版画，白语称"纸符"。我国北方所称的"神马"与此相似。

甲马纸的制作和流行，属于巫教礼仪活动，在祭祀祷告时焚烧，意为通向某一神灵的信息。例如修建新居落成后，必须"做房生日""谢土"。在新居中堂内撮土为"城"，中间画太极八卦，上面放供品，四方和中间各放"土公土母"等甲马纸，香火纸钱一份，祭祀人扮"土公土母"等五人，围绕"土城"手舞足蹈，以"白族调"赞颂新居，说很多吉利之言，最后主人四方磕头，敬献供品，并将象征"土公土母"或"山神土地"等纸神，再配搭一张"精神甲马"一起焚烧。"精神甲马"意为专管传送主人祈求达至某神的信使。

作为巫教迷信用品，"甲马纸"现已基本丧失其特有的含义，但作为白族民间木刻版画资料和民族宗教文化来看，仍很有研究价值。它是白族先民对变化莫测的大自然和社会现象，对灾难、饥饿、疾病、冤仇、忌妒，对生、老、病、死，对艰难的命运、坎坷的人生产生了神秘的心理而创造出来的"人心印构之象"。

这些出于水稻农耕者之手的作品，木刻风格上大多朴拙、厚重、粗犷、刚健。有阴阳刻，以线造型，线条粗实遒劲。很多大面处理做排线或网格交叉，具有浓厚的装饰味。造型极其简练，人物严守正面律，动物多做侧像。但即便是侧面的头也力图反映有两只眼的全貌，无现代四维空间的绘画手法。骑马者只出现马头，舍去马身，取舍手法大胆，令人震惊而折服。

第二节 奇特的葬法

树葬

树葬，亦称风葬、挂葬、木葬、悬空葬、空葬，是我国一种古老的葬俗，主要流行于我国北方的一些少数民族中，其中尤以鄂温克族和鄂伦春族最为盛行。关于树葬，我国历代文献颇多记载。《魏书·失韦传》云："失韦国……父母死，男女聚哭三年，尸则置于林树之上。"《周书·异域上》谓莫奚人葬俗是，"死者则以苇薄裹尸，悬之树上"。《北史·契丹传》曰："父母死而悲哭者，以为不壮，但以其尸置于山树之上，经三年乃收其骨而焚之。"《隋书·地理志下》载荆楚蛮左地区风俗说："传云盘瓠初死，置之于树。"

《旧唐书》说:"契丹……其俗死者不得做冢墓,以马架车送入大山置之树上。"《太平御览》记述:"'木客'人,死皆知殡殓之,不令人见其形也,葬棺法每在高岸树杪或藏石窠中。"胡朴安《中华全国风俗志》载:鄂伦春族人死后"用靴皮将尸体裹起,择日昇出,架于树上。待皮肉腐烂,骨坠下,然后拾起埋之土中"。据调查,生活于黑龙江省抚远县下八岔的赫哲族也有树葬习俗,将死掉的小孩用桦树皮包扎起来,置放在树杈上。这些资料表明,树葬自远古至今一直在我国的一些少数民族中流行,不仅北方地区有此风俗,而且在南方地区同样也存在着。过去有人认为树葬只是"亚洲北部一些游猎民族常采用的一种丧葬方法"的提法,看来并不完全符合实际情况。

所谓树葬就是把死者置于深山或野外,堆积一些树杈之后加上横木,然后把死者置于其上任其风化。有时候也会把死者悬于树上或陈放于专门制作的木架上。从树葬的葬式和结构来看,树葬大致可以分为四种类型:

一是鸟巢式。也就是在大树的上部树杈上,用树枝等物架筑成鸟巢的形

新型树葬

状，然后把死者放到里面。

二是树架式。也就是在大树的两支树杈上并排搭上小树条，在上面再铺上一些树枝，这样就形成了一个小平台，然后把死者放在这个平台上。这种方式在鄂伦春族和鄂温克族人中经常见，例如生活于内蒙古自治区的一些鄂伦春族人，其做法是：在人死后先在家中放一两天，然后把尸体运到山上，选择三棵树或四棵树成正角的地方，在树杈间搭以横木架，在横木上铺些树枝，然后把尸体放在木架上，并在死者身旁放上一些陪葬品，如锅、勺、碗、烟袋等，其中碗必须要敲掉一块。此后，具体会怎样，也不会有人再过问。而生活在黑龙江省呼玛县十八站的鄂伦春族，其树葬方法略有不同，其做法是：在人死后，把尸体装入用柞木钻成的棺材里，然后由亲友抬到离"仙人柱"以外四五百米远的树林中，然后选择两棵相距约一米远的树，至离地面约高两米的地方用刀砍断树干，然后架设横木，把尸体放在上面，头朝南。除此之外，有树葬习惯的还有生活在内蒙古自治区额尔古纳旗的鄂温克人，其方式是"选择几棵高大的树木架上横木，将死者头朝北安葬在横木上"。与此同时，松花江下游的赫哲族也采用树架法，其基本的做法是：以猎人为例，如果猎人出门行猎，在其死后，就在当地取大树干一段，先将树的一面斫平，再挖成槽形以成棺，上面亦覆一槽形之树作棺盖，尸纳木中，用树皮紧扎棺与棺盖。然后用有树杈之树四棵，上架两横木，其上再搁树枝铺成一台，高约丈余，棺即置台上。

三是树屋式。这种方式的树葬是在同一棵树的两个或几个树杈之间架设横木，然后在上面用树枝或者是木板搭成一个小平台，在台上盖以顶棚，这样就可以挡风避雨。远远望去，其如同建于树上的窝棚状小屋，而死者就被葬放在这里。

四是地架式。即由人工在地面上打造露天木架或竹架，然后将尸体搁置在上面。在历代文献和民族学资料中，这种树葬法经常见到。如《北史·室韦传》云："室韦国，部落共为大棚，人死则置其上，居丧三年，年惟四哭。"

《中华全国风俗志》也载："乌稽，又名鱼皮（按指赫哲族），因其土人以食鱼皮食鱼肉为生故名……死以锦片裹尸下棺，以木架插于野，置棺木架上，俟棺木将朽乃入土。"而生活在内蒙古自治区呼伦贝尔盟阿荣旗查巴奇地区的鄂温克人死后，有的时候会把死者用桦树皮或苇子、席子等物包扎好，然后将其放在野外用人工搭成的类似四棱锥形的四角木架上"天葬"，即露天而葬。除此之外，生活在鄂伦春自治旗托扎明努图克的鄂伦春族，他们会把死者放在柳条编制和松木板制成的葬具中，然后再放于野外的专门木架上天葬。在台湾省南部平埔族的西拉雅人群中，他们把死者的手足包扎好并移置于一竹制的台架上；随后死者的亲属在旁焚火烘烤尸体，直到完全干燥为止。在死者死后的第九天，他的亲属会把尸体从竹台上搬下，用草席扎好，在屋内另搭一个竹台，并用衣服之类加以围盖，其外表形似帐篷，置尸于台架上，在三年之后再进行土葬。

此外，据文献记载和民族学资料，我国古代还有悬尸于树和缚尸于树等树葬形式。有的甚至将死者置于天然树洞中或者是以刀、斧等工具在大树上凿出墓室，将尸体置放在树穴中安葬。这种葬法，在鄂伦春族、珞巴族中均有发现，但较罕见。

由此可见，树葬习俗并非某一地区、某一民族、某一时期的特有现象，而是具有一定的广泛性。但即使是同一民族，树葬的方法也因时、因地而异，这一点明显地反映在鄂伦春族的树葬习俗中。那么，人们为什么要采用这种葬法呢？这种风俗究竟是怎样产生的呢？有些学者认为这种葬俗的出现与游猎经济有着密切的联系；也有的学者提出，古人认为死人的精灵游荡在森林之中，就如生活在活人的身旁，这可能导致树葬之俗。近年来，夏之乾先生撰文指出，树葬直接来源于巢居，应当是远古人类巢居的社会存在于丧俗中的反映。

腹葬

腹葬，顾名思义，是将尸体食入人的腹中，这是一种极为奇特的葬式。在国外有的原始部落，亲人死后要举行"人体圣餐礼"，认为吃了亲人的尸肉，能得到死者的佑护。

远古的腹葬更多是出于生存的威胁

这种葬俗在我国原始社会中也曾流行过。据《墨子·节葬下》的记载，"啖人国"有对死者"刳其肉，埋其骨"的习俗。最让人怵目惊心的应属《尸子》（辑本）中关于周武王战胜商纣王，食纣尸身的记载："武王……亲啖殷纣之颈，手污于血，不温而食。当此之时，犹猛兽者也。"春秋之后，这种食人习俗仍有遗存，如《庄子》曾载："跖方休卒太山之阴，脍人肝而博之。"亦谓跖曾"肝人之肉"。

随着生产力水平的不断提高和时代的进一步发展，后来的腹葬葬式渗入了很多信仰、崇拜色彩，而且逐渐成为一种带巫术性的文化现象。

野葬

野葬，天葬的一种，但与前面我们所述的天葬又有很大的区别。这一葬法多见于偏远牧区，如蒙古族。其葬法是人死后，要把死者的衣服全部脱光，清水净尸，然后再用白布或白绸裹包尸体，请喇嘛念经后，把尸体拉到荒野或人迹稀少的地方，将尸体仰面置于地面，头下枕一小枕，给死者手中放一本藏经，用一块浅色布蒙住尸体，把盖尸布的四角用沙土或石头压住，等待天鹰、野狐、狼犬啄食。这种情况在我国远古时代就早有"露天葬"的仪式了。那时，古人在死者旁放有装饰品、食品和各种生产、生活用品，证明远古时代就有为安慰死者"灵魂"、安排死者生活曾举行过相应的仪式。

在蒙古族的野葬葬法中，死后的三天是最为关键的。在死后的第三天，死者的亲人就会到墓地察看，如果尸体被野兽吃掉了，说明死者已"升天"，这象征着其可以给后人带来吉祥；如果死尸原封未动，则说明死者生前可能有"罪"，没有被吃掉是说明死者罪孽未消。此时，死者的亲属就会请喇嘛念经，使其超度亡灵，以便更快"升天"，而且还要在尸体上抹遍黄油，这样是为了吸引更多的野兽尽早食掉尸体。

野葬还有一种形式是把尸体驮在马背上，或把尸体放在马车上，但无论尸体在马背上或在马车上，都要策马狂奔，直到尸体跌落于地。倘若尸体掉地后面仰天，则皆大欢喜，认为死者生前光彩，已经"升天"。倘若尸体掉地后面朝地，则众人面目忧愁，认为天不见纳，死者生前有"罪"，家人亲友倍感悲痛，只好再请喇嘛念经，认为只有这样才能为死者"赎罪"。过数日后，亲属再到葬地察看，尸体如果已被禽兽吃掉，便相信死者终于安然而归。在蒙古族丧葬仪礼中，葬后四十九天或百日内，死者的儿孙等家庭成员不剃发，不饮酒，不作乐，以示对死者的怀念和哀悼。

塔葬

又称塔屋葬，也是我国一种古老的葬法，主要流行于僧侣阶层。按佛教习俗，有名望的僧人死后，一般将尸体用药物处理，然后风干，置放在灵塔之内。从文献记载来看，它在唐代开始流行。如《旧唐书》载："杜鸿渐休致后病，令僧剃顶发。及卒，遗命其子依胡法塔葬，不为封树，冀类缁流，物议哂之。"又"肃王详，德宗第五子也，建中三年十月薨，时年四岁。废朝三日，赠扬州大都督。上追念无已，不令起坟墓，诏如西域法议，层砖造塔。礼仪使判官、司门郎中李占上言曰：'坟墓之义，经典有常。自古至今，无闻异制。层砖起塔，始于天竺，名曰浮图。行之中华，窃恐非礼。况肃王天，属名位尊，崇丧葬之仪存乎？简册举而不法，垂训非轻，伏请准令造坟，庶遵典礼。'诏从之"。《旧唐书·姜公辅传》载："车架至城固县，唐安公主薨，上之长女也，悲悼尤甚，诏所司厚其葬礼。公辅谏曰：'非久克复京城，公主必须归葬。今于行路且宜俭薄，以济军士。'德宗怒，谓翰林学士陆贽曰：'唐安夭亡，不欲于此为茔垅，宜令造一砖塔安置，功费甚微，不合关宰相论列。姜公辅忽进表章，但欲指朕过失，拟自取名。'贽对曰：'公辅官是谏议，职居宰衡，献替固其职分。陛下以造塔役费微小，非宰相所论之事，但问理之是非，岂论事之大小！若造塔为是，役虽大尔作之何伤；若造塔为非，费虽小而言者何罪？'"由此可见，唐时不仅僧侣习用塔葬，而且一些皇室成员的丧事也是采用塔葬这一方式。在古代中国，人们还称这种安葬僧侣的建筑物为"塔屋"。塔葬因此而得名。

佛教的舍利塔

知识链接

回煞

湖北人死了兴"回煞",河南人死了就不兴。要说这里面的来由,还得从宋朝的开国皇帝赵匡胤说起。赵匡胤年轻时是个脚夫,有一天天快黑的时候,他推着一辆车从湖北推向河南,走到一个店门口,店门锁着,到处没个人影。他仗着自己是这家店的老房客,就将车停在门前,用撑车的叉棍将门撬开,走了进去。

原来这个老板家死了人,按老辈传下来的说法,死人埋了以后,死者过五天就要变成鬼回来看看,这就叫"回煞"。随死人回来还有两个"煞神",是阎王派来监督他的。这一天,家里的人要在神柜上摆好饭菜,还要在天井里搭个梯子,让死者从这里回来。梯子下面放一个瓦罐,罐子里装半罐水,水面放一个鸡蛋,还要丢一根筷子在罐里。说是他们来的时候,死者是无心吃鸡蛋的,但"煞神"是一个好吃鬼,他就站在梯边的罐旁捞鸡蛋吃。因为只有一根筷子,鸡蛋又不好捞,这样拖长时间,好让死者在家里多站一会儿。

赵匡胤一看店屋里的天井搭着梯子,神柜上点着香烛,知道店老板家里死了人,今天"回煞"。他也管不得许多,就在厨房里到处找,没翻到一样好吃的东西,他回到堂屋,看到神柜上有一红一黄两只鸡正在吃饭菜,就拿起手中的叉棍向鸡打去。一下子把红鸡打死了,黄鸡却飞走了。赵匡胤把死鸡剥净,丢在锅里煮熟,就美美地吃了一顿。剩下的鸡头、鸡脚都留在锅里。第二天一大早他就推车走了。

店主人回来一看，锅里有两只人脚和一个人头，吓了一大跳，不明白是怎么回事。后来，赵匡胤当上了皇帝，大家才明白"煞神"变化成了鸡在吃祭品，碰上了真命天子这个正神，"煞神"变不回去了，所以被赵匡胤吃了。

赵匡胤吃的是一只红鸡，后来他就成了红脸汉子。那只黄鸡呢，一飞飞到了湖北。所以，河南没有"煞神"，就不兴"回煞"，而湖北就一直兴"回煞"。

衣冠葬

这是中国历史上一种奇特的葬法，其特点是墓内无死者尸体，仅埋葬死者穿戴过的衣冠。为什么会出现这些厚葬的衣冠冢呢？这与当时社会的现实生活有关。在当时，氏族部落间经常发生掠夺财富的战争，人们为了纪念阵亡的军事首领或勇士，往往要为他们举行盛大而隆重的葬礼，建造堂皇的衣冠冢，祈求他们的灵魂能为氏族带来更多的福气。

这一葬法，从考古资料来看，可以追溯到氏族社会后期。如山东大汶口文化遗址出土有五座墓，随葬品相当丰富，但却空无墓主。曲阜西夏侯有一墓出土随葬品80多种，但墓主身首分离。这种葬法在古代文献中也多见，如《汉书·郊祀志上》载："上曰：'吾闻黄帝不死，有冢何也？'或对曰：'黄帝以仙上天，群臣葬其衣冠。'"宋代范致明《岳阳风土记》曰："又有宝慈观，乃张真人炼丹飞升之所，弟子葬其衣冠，俗谓之衣冠冢，丹灶遗迹尚在。"元虞集《程夫人墓志铭》载："史台孙丧其曾太母，不知其处，刻木像，神其衣裳，葬诸湖之新茔，或曰葬以藏体魄也；像而藏之，殆不可。然则立石先大夫之墓,具载夫人之事以示子孙,传后世,或曰其可也。诸征文于子,其感其言,为叙其次而著之。"又虞堪书陶孝子传载:"常州城陷,民陶某父为贼驱去。及官军复城,父死不知其所,某于寓近营冢圹,葬父冠裳,旦暮哭临。"《西园闻见录》载:"杨敬,归德卫人。父昱,洪武间阵亡。敬方十岁,闻讣即哭诵。每思求遗骸,不果,乃取衣冠葬于先茔之次。事母文氏极孝,谨闻战阵事辄流涕不已,时人以至孝称之。"顾磷《谢孝子传》:"孝子名广,父忠,出贾梁宋,闻神仙遐举事志,窃慕之,遂游名山不归。广屡年寻觅,竟不可得,迨母氏以天年终,乃具父衣冠诏魂以窆焉,哀慕之心至老不替。"后来这种葬法广泛流行于沿海地区,人们对出海捕鱼遇难而又无法寻到尸体的渔民,便将其生前穿戴的衣冠葬之空墓内。

割体葬

在我国原始社会的墓葬中,每每可看到这样一些奇怪的情景:死者的尸骨缺少手指、足趾或肢骨,其中一部分放置在随葬的陶器中或墓坑的填土里;有的墓坑内除墓主人完整的尸骨外,还埋有别人的手骨或足骨。上述现象并非二次葬的结果,而是另外一种古老的葬俗——割体葬。从现存尸骨看,割体葬的行葬方式大致有两种情况:一是将死者的手指或足趾割掉,与尸体同埋一坑;另一种则是在死者活着的时候就被割去了手指或足趾,用做他人的殉葬品。这种葬俗流行于氏族社会,在陕西、甘肃、黑龙江,福建等地的新石器时代文化中,多次发现过割体葬的实例。

在宗教观念浓郁的原始社会,人们奉行以伤残肌体为特征的割体葬俗,必然有其特殊的含义。据人类学家研究,生者不惜损毁自己的部分肌体,并把它慷慨地奉献给逝去的亲人,是为了让死者的灵魂安息而采取的"献祭刀"行为。这样做即使死者与生者保持了体质上的血肉联系,也让死者知道众亲友在诚挚地哀悼他,死者的灵魂就不致因怨恨而给生者带来祸患。将死者的手指或脚趾割掉，则是为了限制死者灵魂的活动，使其安息在另外一个世界，不要从墓穴中跑出来危害活人。

知识链接

三日行丧

壮族丧葬一般为木棺土葬。由于长期受汉族影响，其丧葬习俗现已多与汉族相同。壮族过去丧俗有一些特别之处。

第一，父母刚死，儿女须持瓮到水边痛哭，并把铜钱和纸钱掷于水中，然后用瓮汲水回家，把尸体洗干净。以上举动，壮族叫作"买水"。如果儿女不这样做，就会被亲戚、邻里谴责为不孝。

第二，父母死后，子孙都要拿生麻皮一小块，捆在手臂带手镯之处，直带到麻皮烂了为止。出殡时，都要拿白布捆腰，白布巾包头。女孩子还要脱除耳环，以白棉线穿进原耳洞之内，直到守孝期满才取下来。

第三，人死后，不择日子出殡，停丧多少天，要看家中贫富而定。穷人一般当天出殡，富人一般停丧三天，故在壮族地区有"三日行丧"之说。

第四，壮族多重母丧，轻父丧，母丧守孝时间一般都比父丧时间长。

第五，人死后请道公念经，以超度亡灵。但经文不是汉族的道藏经，而是壮人自编；道公所用之物，只有一对用来敲打的木板，没有鼓、锣、钹，不吹笛子。

第四章

古代祭祀习俗

祭祀是丧葬礼仪中的最后一个部分。它与前面的几个礼仪不同的是,祭祀礼仪所延续的时间较长,甚至可以伴随着人的一生。祭祀就是按一定的仪式,向神灵致敬和献礼,通过自身与神灵的沟通,以得到神灵福佑。本章主要分析了祭祀的起源与文化、祭祀的价值和功能、传统祭祀礼仪的全过程,祭祀的分类、祭品、对象和居丧制度、历史上的主要祭文、祭祀的禁忌等,比较全面地展示祭祀的历史面貌,由此认识祭祀文化对中华民族所产生的深刻影响。

第一节
追悼亡灵的祭祀

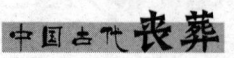

祭祀的起源

许慎《说文解字》说：祭，祭祀也，从示，以手持肉。按照清康熙字典的解释，"祭"的意义有二：一是"祭祀也，以手持肉"，"祀"有"献祭鬼神"之意，故"祭"是以手持肉来献祭鬼神；二是指"祭者"与鬼神"相接"，即由活人向已死的鬼神做宗教仪式的献礼。

原始时代，人们认为人的灵魂可以离开躯体而存在，祭便是这种灵魂观念的派生物。最初的祭祀活动比较简单，人们用竹木或泥土塑造神灵偶像，或在石岩上画出日月星辰野兽等神灵形象，作为崇拜对象的附体，然后在偶像面前陈列献给神灵的食物和其他礼物，并由主持者祈祷，祭祀者则对着神灵唱歌、跳舞。进入文明社会后，物质的丰裕，使祭祀礼节越来越复杂，祭品也越来越讲究，并有了一定的规范。《管子·轻重己》说："以春日至始，数九十二日，谓之夏至，而麦熟。天子祀于太宗，其盛以麦，以夏日至始，数四十六日，夏尽而秋始，而黍熟。天子祀于太祖，其盛以黍，数九十二日，谓之秋至。秋至而禾熟。天子祀于太惢，西出其国百三十八里而坛，服白而绕白，搢玉总，带锡监，吹埙篪之风，凿动金石之音，朝诸侯卿大夫列士，

第四章 古代祭祀习俗

祭祀的贡品

循于百姓，号曰祭月，牺牲以羲，以秋日至始，数九十二日，天子北出九十二里而坛，服黑而黑，朝诸侯卿大夫列士，号曰发繇。"

在向远足神灵祭献礼物的时候，人类甚至不惜以生命相祭，这种做法不仅说明了人类对远祖神灵的承认，而且也证明远祖神灵是生命的主宰。这显示了人与天之间的关系。例如，在古代的时候，几乎每个民族都有自己的远祖神灵或图腾，他们是该民族的保护神。古人认为，重病和天灾人祸都是因为人触犯了神灵导致的，所以要想乞求得到宽恕，最好的办法就是祭祀。所以，在古人的信仰中，祭祀是尤为重要的。如《文献通考·论祭天之数》中说："凡人子不可一日不见父母，人君不可一岁不祭天。"《左传·文公二年》认为："祀，国之大事也。"

同样，祭祀后的进餐礼中也体现了人神同在的思想。中国古代皇帝在举行祭天大典之后，要钦福受胙。所谓钦福就是皇帝接受祭天的酒，而受胙是皇帝接受祭天的祭品，福胙带回宫享用，并分赐王公大臣，这被称为"赐胙"。这种做法就使得祭祀有了共融的意味。在祭祀过程中，皇帝首先接受了上天的赐福，然后再与大臣们分享，这就是神人同在而且来往的最好标记。因此，很多民族在祭祀之后马上分享祭品礼仪，其目的就是表达了人与天融合的良好愿望。

在祭祀远祖神灵方面，虽然各地有着很大区别，但是有一点是相通的，那就是所有的祭祀都是表达了人类对远祖神灵最诚恳的心态与行为。

传统祭祀

中国人崇拜祖先开始于何时何地，没有准确的说法，但可从各相关线索中寻得一些蛛丝马迹。一些学者在研究山顶洞人的遗迹时，发现有烧火的痕迹，此痕迹不像是烧烤食物，可能是用于祭拜，因而判断当时已有简单的祭祖活动。夏商时期，祖先崇拜在葬礼制度中成为宗教与伦理的结合。在殷周时期，祖先崇拜的仪式和内容已有记载，《礼记》："祭者，所以追养继孝也。"晋《竹书纪年》："黄帝崩，其臣左彻取衣冠几仗而庙祀之。"可见当时已经有拿私人遗物来加以祭拜的行为。除此，《诗经》中的《雅》《颂》《周礼》《仪礼》都有祭祀之礼的描述。事实上，影响祖宗祭拜最为深远的，乃儒家思想。《论语·为政篇》："生，事之以礼；死，葬之以礼，祭之以礼"。《孝经》写道："孝子之事亲也，居则致其敬，养则致其乐，丧则致其哀，祭则致其严，五者备矣！然后能事亲。"这里提到"死"与"祭"时，劝人在长辈生前死后都要恪尽孝道，此思想包括了宗教性与伦理性，对后世影响甚大。

在儒家思想的影响下，周朝的丧礼极注重伦理道德，形成了"慎终追远，

第四章 古代祭祀习俗

大型仿古式祭祀

民德归厚"祭祖的大传统。而小传统则是"灵魂不死",它多存于民间。或许最早的祭祖活动是从中国人的灵魂观念发展出来的。然而,有些人却持不同的观点,他们认为祭祖活动最早起源于原始人对灵魂的恐惧,因为他们相信在人死后,灵魂是继续存在的,所以生者为了庇佑自己和子孙,需要尊敬和祭典这些亡魂。例如,从新石器时代到夏朝已出土的许多陪葬日用陶器中出现食物遗存痕迹,殷墟卜辞和周人重祭祖甚于祭天的记载以及在长沙马王堆出土的墓中帛画所表现的汉人死后世界观及其他汉墓殉葬物的存在,这足以说明了中国人确实存在"灵魂不灭"的观念。

1. 祭天

从周代开始的祭天也被称为郊祭,它在冬至之日于国都南郊圜丘举行。首先,古人重视的就是实体祭拜,这体现在对天、对地、对月亮或者是对星星的祭拜。当这些具体祭拜达到一定数量之后，就会抽象为对天的祭拜。周代人祭拜天是从殷代出现"帝"祭拜发展而来的，天子为最高统治者，君权神授，所以，祭天是为最高统治者服务的。正因为如此，祭天直到清朝灭亡才真正结束。

2. 祭地

夏至是祭地之日，其礼仪与祭天相似。在汉代时期，地神被称为地母，因为她是赐福于人类的女神，所以也叫社神。最早祭地是以血祭祀。在汉代之后，不动土的风水信仰盛行。祭地礼仪还有祭山川、土神、谷神、社稷等。

3. 宗庙之祭

因为崇拜祖先盛行，所以宗庙制度渐渐形成。所谓宗庙就是人们在阳间为亡灵建立的寄居所。宗庙制是天子七庙，诸侯五庙，大夫三庙，士一庙。庶人是不允许设庙的。宗庙的位置也是有区别的，天子、诸侯设于门中左侧，大夫则庙左而右寝。庶民则是寝室中灶膛旁设祖宗神位。在祭祀的时候还要卜筮选尸。通常来说，尸是由孙辈小儿充当。庙中的神主是木制的长方体，只有在祭祀的时候才摆放，祭品不能直呼其名。在祭祀时行九拜礼，即"稽首""顿首""空首""振动""吉拜""凶拜""奇拜""褒拜""肃拜"。除此之外，宗庙祭祀还有对先代帝王的祭祀。根据《礼记·曲礼》记述，我们可以了解到，凡是对人民大众有功的先帝如帝喾、尧、舜、禹、黄帝、文王、武王等都要祭祀。从汉代开始，为了祭祀先代帝王，不仅修陵园，而且还立祠。明太祖始创在京都总立历代帝王庙。在嘉靖年间，在北京阜成门内建立历代帝王庙，祭祀先王三十六帝。

4. 家祭

古人在家庙内祭祀祖先或家族守护神的礼仪是家祭。在唐代就已经有专人制定家祭礼仪，一直流传使用。宋代陆游《示儿》："死去元知万事空，但悲不见九州同。王师北定中原日，家祭无忘告乃翁。"古代时期，家祭是非常盛行的。因为各地风俗礼仪不同，所以祭祖的形式各异，有的岛到野外瞻拜祖墓，有的到宗祠拜祖，但大部分都是在家中将祖先牌位依次摆在正厅，陈列供品，然后祭拜者按长幼的顺序上香跪拜。

5. 对先师先圣的祭祀

在汉魏以后，周公为先圣，孔子为先师；在唐代，孔子为先圣，颜回为先师。唐宋以后，一直沿用"释奠"礼作为学礼，也作为祭孔礼。在南北朝时期，每年春秋两季都行释奠礼，而且各地郡学也设孔、颜之庙。明代时期称孔子为"至圣先师"。清代，盛京设有孔庙，在定都北京之后，以京师国子监为太学，立文庙，称孔子为"大成至圣文宣先师"。另外，随着祭祀先师先圣，乡饮酒礼逐渐形成。

祭祀孔子

传统祭祀的祭品

古人相信,在人死后,其灵魂会有一种超自然的能力。亡魂可以与生者在梦中进行交流,而且还能控制生者是享福还是受灾。所以,生者对死者心存畏惧。正是在这种情况下,祭祀才得以盛行。

万物有灵形成多神崇拜,所以人们祭祀的对象是非常多的。中国古代宇宙观最基本的三要素是天、地、人。《礼记·礼运》称:"夫礼,必本于天,殽于地,列于鬼神。"《周礼·春官》记载,周代最高神职"大宗伯"就"掌建邦之天神、人鬼、地示之礼"。《史记·礼书》也说:"上事天,下事地,尊先祖而隆君师,是礼之三本也。"

神灵大致可分为天神、人鬼和地祇。天界神灵主要有天神、日神、月神、星神、雷神、雨神和风云诸神。地界神灵主要有社神、山神、水神、石神、火神及动植物诸神,它们多来源于大地,与人们的生存息息相关。人界神灵种类非常多,主要有祖先神、圣贤神、行业神、起居器物神……它们直接关系着人的生活,所以平时享受的祭品最多。

人们对神灵是非常敬畏的,他们可以跪拜叩头,可以焚香燃纸。但是对神灵来说,最好的祭祀方式是献上祭品。神灵与人一样,都有七情六欲。如果人类对神灵有所祈求,应当祭献最好的东西,只有这样才能博得神灵

神享受了太多的贡品

的欢心。但是，神灵的喜好千差万别，所以祭品也是多种多样的，主要有以下几种：

1. 食物祭

因为民以食为天，所以，最初祭祀就是献食。《礼记·礼运》称："夫礼之初，始诸饮食。其燔黍捭豚，污尊而抔饮，蒉桴而土鼓，犹可以致其敬于鬼神。"其意思是，祭礼起源于向神灵奉献食物，只要燔烧黍稷并用猪肉供神享食，而且凿地为穴当作水壶，用手捧水献神，然后敲击土鼓作乐，这样就能把人们的意愿传达给了鬼神。

在古时候，用于祭祀的肉食动物叫"牺牲"，指马、牛、羊、鸡、犬、豕等牲畜，后世将其称为"六畜"。在六畜中，最常用的是牛、羊、豕三牲。有时候鱼、兔、野味也用于祭祀，但不属"牺牲"之列。

祭祀的食物除了"牺牲"之外，还有五谷杂粮，被称为"粢盛"。除此之外，民间祭祀还经常用鲜嫩的果品蔬菜，这在《诗经》中被多次提到。《诗经·桧风·七月》就有"四之日其蚤，献羔祭韭"之句。随着佛教传入中国，"斋祭"中的果品变得更加丰富。与此同时，祭祀神灵时，酒也是必不可少的祭品。

2. 玉帛祭

人是比较讲究穿着的，神亦是如此，因此祭品中需要有玉帛。《左传》载："牺牲玉帛，弗敢加也。"《墨子·尚同》云："其事鬼神也，圭璧币帛，不敢不中度量。"玉帛包括各种玉制礼器和帛，除了食物之外，还需要有这样的祭品。在原始社会时期，玉器主要有两类：一类是武器，主要是圭，它象征着权力；另一类是饰物，主要是璧，它是贵族佩带的宝物。古代是缺少金银饰品的，在这种情况下，最名贵的就当属玉了。佩玉成为贵族特有的标志。

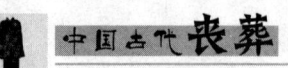

另外，用玉作的很多饰品也是十分贵重的。帛是丝织物的总称，它主要被贵族用来御寒蔽体。古代普通人仅能以葛麻为衣，《左传》记述卫文公也不过以帛作冠，在古代帛是极为珍贵的。正因为玉帛较为稀罕和贵重，所以在祭祀的时候要以玉帛为祭品。

3. 人祭

在古书中，以人做祭品祭献神灵被称为"用人"，后世称"人祭"。人祭不仅存在于原始宗教中，而且在发展阶段中的宗教也存在，这是宗教史上最黑暗的一部分。人祭起源于原始社会的部落战争。因为那个时候生产力水平较为低下，人的价值是无法得到体现的。战争中的俘虏遭遇往往非常悲惨，女性可以供人玩弄，儿童可能被收养入族，而成年男子被杀祭神灵。在商代，人祭之风是非常盛行的，所用人数量较多，手段也特别残忍。这种情况不仅在大量卜辞有记述，而且有考古遗迹证明。《左传·昭公十年》载：鲁国季平子"用人于亳社"，《左传·昭公十一年》也记述"宋公使邾文公用鄫子于次雎之社"。《史记·秦本纪》说秦穆公"将以晋君祠上帝"，《史记·陈涉世家》也称："为坛而盟，祭以尉首"。

人祭的另一现象就是为男神提供美女。人们为了满足想象中男性神灵贪恋女色的欲望，民间就产生了以美女为祭品的习俗。以美色娱神的方式有很多种，如杀死、活埋、淹死……名义上是让她们的灵魂去做神灵的妻妾，实际上是供神灵玩弄。曾经有古籍记载，秦灵公时曾经用公主妻河，在战国时期，魏国邺地"河伯娶亲"的故事也是对人祭的有力证明。

除此之外，人祭中还存在着以童男童女祭神灵的现象。他们以童年人体作祭品，一方面是因为童体肉嫩，另一方面是因为神仙喜欢儿童，儿童天真无邪，这与神仙追求长生不老是密切相关的。

4. 血祭

与以上三种祭品相比，血是一种特殊的祭品。古人相信，血是有灵魂的，它能维持人或动物的生命，一旦人或者是动物没有了血，这就意味着生命的消失，可见血是有一种神奇力量的。作祭品的血有人血，也有牲血。锡伯族祭祀地神的时候会把杀猪后的猪血洒在地里。除此之外，一些彝族人祭地则以鸡毛醮血沾在象征土地神的树枝上。

祭品的处理方式

对于不同的祭品，古人的处理方式也是不同的。

1. 燔烧

燔烧主要是用于祭祀天神。在西周之前，关于天的观念还不是特别明确。在各种天体神灵中，最受重视的是日神。甲骨文有"出入日，岁三牛"的记载，这足以证明当时每天都需要举行迎接日神和恭送日神的仪式。而且在仪式进行的时候需要杀牛和杀羊以作牺牲。从周代开始，人更加崇拜天，不再举行朝迎夕送日神之礼。"祭天之礼，兼及三望（日、月、星）"，也就是把日神看作是天帝的属神，在祭天的时候兼顾着祭祀它。祭天的方法就是《礼记·祭法》所说的"燔柴于泰坛"。事实上，除了天帝、日神之外，在祭祀天上其他神灵的时候也要用这种方法。《周礼·春官》中有"以实柴祀日月星辰"的说法。"实柴"是指把牺牲放在柴上烧烤，以为享祀。古人认为，天神在上，如果燔柴不足，根本不可能到达的，在燔祭的时候，烟气升腾，直达高空，这样天神更容易接受。

敬佛的祭品

2. 灌注

这种方法是在祭地神的时候使用。《周礼·大宗伯》说:"以血祭祭社稷。"关于血祭的方法,据清人金鹗在《求古录·燔柴瘗埋考》中解释:"血祭,盖以滴血于地,如郁鬯(酒)之灌地也。"所以,灌祭就是把用来祭祀地神的血和酒灌注于地,这样,血、酒在很短的时间内就能渗透到地下,古人认为这种方法,血和酒可以达到神灵。《礼记·郊特牲》载:"周人尚臭。灌用鬯臭,郁合鬯,臭阴达于渊泉。灌以圭璋,用玉气也。既灌,然后迎牲,致阴气也。""臭"指香气,周人降神以香气为主,因此在献给神灵之前先灌鬯酒,用香气浓郁的郁香草调和鬯酒,这样,香气就能随着灌地通达于黄泉。灌鬯用的勺以圭璋为柄,因为这样可以使玉的润洁之气发挥出来。

第四章 古代祭祀习俗

3. 瘗埋

瘗埋即挖坑将祭品埋没，这种方法主要是在祭山神和地神时使用。在《山海经》中保存着较为丰富的山神崇拜资料，如"其神状皆龙身而鸟首，其祠（祭祀），毛（牺牲）用一璧瘗，糈（祭祀所用谷类）用稌""其神皆人面蛇身，其祠之，毛用一雄鸡、彘，瘗，吉玉用一圭，瘗而不糈"。与此同时，在《山海经》所列各种山神的祭法中，提及最多的就是瘗埋。在祭地神的时候，除将血、酒灌注于地之外，其他祭品需要挖坑瘗埋。《礼记·郊特牲》孔颖达疏："地示在下，非瘗埋不足以达之。"这句话的意思是说，只有把祭品埋于地下，地神才会知道人们正在祭祀他，这样就会接受祭品。

4. 沉没

沉没是祭水神时使用。《竹书纪年》《帝王世纪》等书中都有帝尧沉璧于洛水以祭洛神的记载。而甲骨中也有这样的记载："求年于河，寮三牢，沉三牛，俎牢。"如果对"沉"字形进行考究，其正是把牛或羊沉入川中的象形。另外，甲骨文中也有用人祭河神的记载，如"丁巳卜，其寮于河，牢，沉嬖""辛丑卜，于河妾"。嬖、妾就是作为牺牲的女子，人们将其沉入河中祭神，这与"河伯娶妇"大同小异。在周代之后，沉祭仍然非常盛行。《周礼大宗伯》谓："以狸沉祭山川林泽。"郑玄注释说："祭山林曰埋，川泽曰沉。"《仪礼觐礼》也说："祭川，沉。"因为水神居住在水下，所以把祭品沉入水中，使其更容易接受。

5. 悬投

悬投是祭山神时使用。"悬（县）"也称"升"，即把物品悬挂起来祭神。《仪礼觐礼》说："祭山丘陵，升。"《尔雅·八、释天》也说："祭山曰庪县。"《山海经·中山经》记祭祀"自甘枣之山至于鼓镫之山",诸山神的礼仪是"毛太牢之具,县以吉玉",也就是用玉把祭品悬挂起来。所谓"投"就是把祭品投放于山中地上。《山海经·北次二经》记祭祀"自管涔之山至于敦题之山"诸山神的礼仪是"毛用一雄鸡、彘、瘗,有一璧一珪,投而不糈",也就是把祭祀用的璧和玉投掷远处,而不是把它们陈列在祭具中。

知识链接

坟墓上栽草套竹箩

很久以前,哀牢山上有一户人家,祖孙三代以务农为生。祖父年已八旬,只会吃不会动,就连起居饮食都得由儿子照料。起初,儿子还知孝顺,衣食住行都照顾得很周到。俗话说,久病无孝子。日子久了,儿子感到很累,心中闷闷不乐。

一天儿子劳动回来,收拾了家务,躺在床上翻来覆去地想:父亲年纪大了只会吃饭,不会劳动,还离不开人伺候,拉屎撒尿真累死人,不如把他早日送上山去,免得天天劳累。

第二天,儿子宰了自家的大母鸡,让父亲好好地吃了一餐。饭后,他找来了一个竹背箩,将父亲抱进竹背箩里。老父亲感到奇怪,就问:"儿要把我背到哪里去"?"你长期闷在家里,今天天气晴朗,我和孙儿送你到山上游玩去"。父亲说:"你伺候我都累得我不忍心了,还要背我去游玩,我不去了。"儿子还是领着孙儿把父亲背到一座高山顶上。然后领着他的儿子下山,往家走。快到山脚时,儿子问他父亲:"爹爹,爷爷还在山上呀!多时去背他回家"？父亲说："爷爷已经年老无用了，应该送上山了，不再背他回来了。"他儿子听了感到惊奇，就说："爷爷没用了，那竹背箩还有用呢！等你老了，我还要用它来背爹上山去呢！"父亲一听，猛吃一惊，知道自己错了，就马上上山去背爷爷。可是他到了山顶时，老人家早已死去了。儿子只好抱起父亲尸体号啕大哭，越哭越感到后悔莫及，怎么办呢？只好把父亲尸体收殓埋了，在墓顶上栽了一小丛草，把竹背箩套在草上，表示让父亲在草荫下尽快安息。

后来，这个习俗一直流传到今天，在哀牢山区，凡是人死了，都要在墓顶上栽上一丛小草苗，套上一个竹背箩，表示丢掉这竹背箩，告诫后代不能再这样对待老人了。

第二节
形形色色的祭祀风俗

纸马——云车风马

纸马又称作甲马、神马、神祃、神码等名，是一种在纸上面或印有咒语或神道鬼怪形象的宗教用品，道士作法或百姓祭祀后焚烧。严格地讲，甲马是纸马中的一种，甲马有的仅画或印有一匹马，有的则在神道像中附有一匹马，而其他的纸马中只印咒语或神道鬼怪像，因此两者在风俗上的意义和作用也有区别。

中国的造纸术发明于汉代，在纸马之前流行的是木制的马，称之"木禺马"或"木马"。马是人类最早驯服和豢养的大型畜力。在古代，马是最重要的陆路交通运输、代步和战争的重要工具。古人对马是十分爱护和敬重的。古代帝王祭祀有"太牢""少牢"之分，所用牺牲为牛、羊、猪，从来不用马作牺牲。

《魏书·段承根传》中讲了这样一个故事：

父晖，师事欧阳汤。有一童子与晖同志，后二年，辞归，从晖请马，晖戏作木马与之。童子甚悦，谢晖曰，吾泰山府君子，奉敕游学，今将归，烦子厚赠，无以报德，子后至常伯封侯。言讫，乘马腾空而去。

这个故事有点离奇，今日的文明人是不会相信的，但是古人却将它编入了正史。"泰山府君"就是"泰山神"，民间习称"东岳大帝"。自汉末以后，道家传说人死后即魂归泰山，受泰山府君管辖，也就是讲泰山府君就是阴曹地府的最高统治者，如今我国许多地方仍有"东岳庙"。东岳大帝的儿子奉父亲之命到俗世游学，和段晖一起师从欧阳汤，学业结束时，他希望段晖给他一匹马，可以早点回家，段晖对他的非分之想感到奇怪，但也不便直接拒绝，于是"戏作木马与之"，《魏书》没有对"木马"的大小、样子作交代，段晖也不可能去做一匹与真马相近的木马送给他，又称"戏作小马与之"可以理解为"开玩笑地弄了一匹木马给他"。想不到这"泰山府君子"竟"乘马腾空而去"。

"八仙"是中国神仙中流传最广的传说，八仙之一的倒骑驴子的张果老更是妇孺皆知的神仙人物。《三洞群仙录》卷15引《高道传》中讲：唐张果老"常乘一白驴，日行数百里。休则迭（叠）之，其厚如纸，置于箱中，乘则以

第四章　古代祭祀习俗

祭祖用的纸马

水噀之，复成驴矣"。这位神通广大的张果老的"日行数百里"的驴子肯定是一"纸驴"。而《三洞群仙录》所引的《高道传》基本上抄录了唐张读《宣室志·张果》和唐郑处海《明皇杂录》的原文，看来，大概在唐代时，原来的"木马"已被"纸马"替代了。

马是古代运载能力强，速度快的交通、代步工具，在军事上它是战车的动力，传递信息的迅捷工具，同时，信奉阴阳五行术数命算颇众的古代中国，它也被神道鬼怪学者"异化"而成为沟通"彼岸"世界的交通工具，也就是讲，彼岸世界的神道和鬼怪也是乘坐马与世俗世界沟通和往来的，这种"马"就不可能是真正的马，而是木、纸、草等材料制作的"似马"，其中以纸制作或印刷的马为最多，最普遍。《蚓庵琐语》中有一段话：

世俗祭祀，必焚纸钱、甲马。有穹窿施炼师（名亮生），摄召温帅下降，

113

临去索马，连烧数纸不退，师云："献马已多"。帅判云：马足有疾，不中乘骑。因取来化者视之，模板折坏，马足断而不连。乃以笔续之，帅遂退，然则昔时画神像于纸，皆有马以为乘骑之用，故曰纸马也。

这又是一个神道故事，但作者由此而得出一个结论——旧时召神使鬼使用一种纸，纸上画需召的神道鬼怪，为使指令迅速传达到神鬼那里，也为使神鬼接令后当即赶来，纸上还必须另画一匹马，这马就是沟通的工具，这种纸上印有马，所以被叫作"纸马"。我认为，《蚓庵琐语》作者的分析是比较合乎情理和事实的。

众所周知，灶君（又称灶界、灶王爷等）是中国神道中极为重要的人物，他是天上玉皇大帝派驻在人间的"监察御史"，监视人们的行为：每年腊月廿四是灶君升天向玉皇大帝汇报人间善恶的日子（许多地方风俗，官吏可以提前一天，于腊月廿三送灶，故民谚于送灶有"官三民四"之说），民间定于腊月廿四送灶升天，称之"送灶"或"祭灶"，送灶或祭灶的目的往往是拍灶王爷的马屁，故又被讲作"媚灶"。宋范成大有送灶诗，云：

古传腊月二十四，灶君上天欲言事。

云车风马尚留连，家有杯盘丰典祀。

灶君升天的交通工具是"云车风马"，这里的车马就是印在纸上的纸马。明朝刘侗、于奕正著《帝京景物略》：

亦二十四日以糖剂、饼、黍糕、枣栗、胡桃、炒豆祀灶君；以槽草秣灶君马，谓灶君翌日朝天去，白家间一岁事。

在灶君升天之前，人们还要拿马槽里的草料象征性地去喂灶君升天坐的马，这个"马"肯定是纸马。

纸马、甲马最初就是画在纸上的马，是道士们紧急召唤天兵神将使用的法器，后来，道士们把马和所召唤的神像画在一起，也许是神道的种类很多，而马仅一种，人们把神道与马分两张纸印刷，使用时把印有马的纸粘到神道像上就可以了，后来干脆把马也省了，清人虞召隆《天香楼偶得》：

送葬队伍出发前的纸马纸人

俗人纸上画神像，涂以彩色，祭赛既毕则焚化，谓之"甲马"，以此纸为神所凭依，似乎"马"也。

虞召隆记录的是他所在时代的现象，此时，纸马上确实没有印马，但它仍有"快马加鞭"迅速传达的意义。实际上，虞召隆的言词太简单，有"辞不达意"的失误。清代的纸马一般可以分为两大类，一类是祀神用的，民间称为"神马"或"神祃"、"神模"，一类是民间大众用于祭祀已故亲人用的。

纸马铺除了出售印有马的神符外，还供应其他的纸制宗教用品。北宋时，纸马铺除了制作、出售纸马外，还生产纸扎的。大约到了明朝以后，以纸为主要材料做的纸扎种类越来越多，需求量也越来越大，于是，以印刷品为主的纸马与以手工扎纸为主的纸扎逐渐分开经营,手工扎纸的作坊和商店一般被叫作"纸扎作",在上海,这种纸扎又通常被叫作"纸玲珑"。

纸扎的品种,大致上可以分为两大类:一类是一般风俗用品,如祭灶时用的灶轿、灶帘、灶龛,重阳时用的纸抚等;另一类即葬礼专用的明器,其品种就可以用"五花八门"来形容。

清明与上坟

清明是中国最重要的公、私祭祀节日,并越来越得到关注和重视,我国已经向联合国教科文组织申请,将中国清明节风俗列入世界非物质文化遗产,并从2008年起,清明节被列为国家法定假日放假一天。

在"清明"一词产生之前,有一个日期、风俗均与"清明"相似的节

清明来祭祖

日,那就是"寒食",它的日期是冬至日算起的第 105 天,所以也叫作"一百五",南朝梁朝宗懔《荆楚岁时记》:"去冬节(即冬至,我老家福建方言仍称冬至为'冬节')一百五日,即有疾风甚雨,谓之'寒食',禁火三日。"所以"寒食节"又叫作"禁火节"。《东京梦华录》《梦粱录》中均讲:"寒食第三日,即清明节矣。"《辞海》《汉语大词典》均认为寒食节在"清明前一日或二日",但是我们只要核对一下历书就可以知道,寒食和清明经常是同一天,只有极少是前一天的。

清明祭祖扫墓风俗的起源说法不一,大多数认为起源于春秋时期的介之推的故事。介之推是晋国的大臣,晋文公落难时,介之推随晋文公流亡各国,立下了汗马功劳。当晋文公复辟后赏赐有功之臣,"介之推不言功,功亦不及介之推",介之推很谦虚,不肯自我吹嘘,但晋文公论功分赏时又把介之推给漏了。介之推感到很郁闷,一气之下带着自己的老母亲躲到一座叫绵上山的深山里隐居起来。晋文公知道后,立即派人上山向介之推表示歉意,请介之推出山,均未成功,于是晋文公又派人烧山,想逼他下山,而这位耿直得有点迂的介之推坚决不出山,结果被活活烧死。晋文公对自己的行为十分后悔,就在每年介之推殉难日上山拜祭介之推,而这一天正巧是清明节,后人也仿此故事,于清明祭祖扫墓,清明也被人们叫作"鬼节"。

中元节与盂兰盆会

中国道教尊天官、地官、水官为"三官",其职能为天官赐福、地官赦罪、水官解厄,并以"三元"配"三官",即上元正月十五是天官的诞辰,中元七月十五是地官诞辰,下元十月十五是水官诞辰,于是这三个"十五"都成了道教神道节日,要举行各种风俗活动,其中又以七月十五地官诞辰的活动最隆重和热闹,这一天也被叫作"中元节"。唐朝王建《宫词》:"看着中元斋日到,自盘金线绣真容。"——眼看中元的斋祭日要到了,大家忙着为自己祖先的肖像画上加彩。看来，中元作为重要的祭祀日，在唐代或唐代以前就已经出现了。

记录北宋风俗的主要著作之一的《东京梦华录》，其卷8"中元节"中讲：

中元前一日，则买练叶（"练"是古代居丧十三月而举行的一种祭奠仪式。《周礼·春官·大祝》："言甸人读嘱付练禄，掌国事。"贾公房《疏》："练，谓十三月小祥拜祭。"练叶是一种祭祀用的树叶。）享祀时铺衬桌面；又卖麻谷窠儿，亦是系在桌子脚上，乃告祖先秋成（秋天丰收）之意；又买鸡冠花，谓之"洗手花"，十五日供养祖先素食；才明，即卖穄米饭，巡门叫卖，亦告成意也；又买转明花菜、花油饼、馂馅、沙馅之类，城外有新坟者，即往拜扫。禁中亦出车马诣道者院谒坟。本院部官给祠部十道，设大会，焚钱山，祭军阵亡殁，设孤魂之道场。

从这段文字中可以知道，北宋的中元祭祀有两种，一种是家庭祭祀，目的是告诉祖先，在祖先的保佑下，今年的收成不错；另一个即由官方组织的"公祭"，祭祀在战争中阵亡的将士。

《东京梦华录·中元节》又讲：

七月十五日，中元节。先数日，市井卖冥器，靴鞋、幞头、帽子、金犀假带、五彩衣服。以纸糊架子盘游出卖。潘楼并州东西瓦子亦如七夕。要闹处亦卖果食种生花果之类，及印卖《尊胜目连经》。又以竹竿斫成三脚，高三五尺，上织灯窝之状，谓之盂兰盆，挂搭衣服冥钱在上焚之。构肆乐人，自过七夕，便般"目连经救母"杂剧，直至十五日止，观者增倍。

中元节也被叫作"盂兰盆会"，一过了七夕（农历七月七日），汴京城里的乐人就开始搭台演出"目连救母"杂剧，到七月十五演出和观看人数达到了高潮，民间的纸马铺赶印了许多《尊胜目连经》，赶在中元节前出售，在街上，人们又把竹竿斫成三五尺长，用三根竹竿做成一个支架，上面架一只盆状之物，叫作"盂兰盆"。

总而言之，中元节的盂兰盆会风俗在北宋已十分盛行，大部分人认为这种风俗始于南北朝，而且与佛教的"救难"有关。但是，我们已无法知道，中元节的道教"设大会，焚钱山，祭军阵亡殁，设孤魂之道场"，与佛教的盂兰盆会哪一个发生得更早一点，究竟是道教影响了佛教，还是佛教影响了道教。

我国中元节的"盂兰盆会"风俗在宋代随佛教传入日本，今天，盂兰盆节在京都一带仍为庆祝丰收、祈祷吉祥的重要风俗节日。而在中国，恐除年岁已长者外，知道盂兰盆会曾是我国中元节重要风俗的人，也许已经不多了。

羹饭为鬼食

以糖粥祭神、驱邪的风俗古已有之。据《玉烛宝典》《金谷园记》等古籍中：帝高阳氏的儿子活着的时候就喜欢吃粥，穿破衣衫，人们叫他"穷子"，他的忌日是"正月晦日"（即正月底），这一天人们就要烧粥，焚烧破旧衣服来祭祀他，还沿街不断高呼："送穷！送穷"！于是这一天就被叫作"送穷日"。唐代大文豪韩愈的《送穷文》是留存至今的"送穷"范文。该文在序中讲，该文写于"元和六年正月乙丑"，可见"送穷日"是在正月，韩愈所送之"穷"共五种，它们是：智穷、学穷、文穷、命穷、交穷。韩大师的《送穷文》源于社会生活风俗的——送穷，但其境界远远高于风俗的本来意义。

韩愈的《送穷文》中还讲："主人使奴星结柳作车，缚草为船，载糇舆帐，三揖穷鬼而告之。"送穷已不再是煮粥烧衣，高呼"送穷"，而是用柳条做成车辆，用草扎成航船，用栫车，草船装载干粮，再"三揖穷鬼而告之"。这种风俗似乎与后来丧仪中的"纸扎"有密切的关系。

南北朝人写的《荆楚岁时记》是记录长江中游地区岁时风俗的著作，其中讲："冬至日，量日影，作赤豆粥以禳疫。"据隋朝杜公瞻注："共工氏有不

美味的传统美食糖粥

才子,以冬至日死,为疫鬼,畏赤小豆,故冬至日作赤豆粥以禳之。"我们实在没有必要太相信如帝高阳氏之子、共工氏有不才子之类的原始神怪故事,不过,用豆粥之类的食物来祭祀亡灵确实古已有之,而且是十分风行的风俗。

　　古代没有冰箱,所以当祭祀结束后,就必须将祭祀的食品吃掉,上面引文中讲的"祭毕,内外举餕",《说文解字》:"饺,食之余也。"这个"餕"就是吃剩下来的食品。《礼记·曲礼上》:"餕余不祭。"朱熹注:"馂余之物,不可以祭先祖。"当祭祀结束后,虽然所祭食品纹丝未动,但也算是先祖吃过了,也是"餕",所以活人分享祭祀食品也讲作"餕"。看来,丧礼中"羹饭"也由来已久。因为这些食品是生人供奉给死者的,而死者享用后,又回敬给前来吊唁的宾客,当作是死者对宾客的酬谢。于是乎,送殡者理所当然要吃这一顿饭,尤其是酒过三巡后,送殡时的哭丧早已被忘得干干净净,许多地方的豆腐饭比吃喜酒还要闹猛。

　　羹饭也用于祭祀无主亡灵，冤魂野鬼。古人迷信，当人生病而找不到病因时，就误以为是被恶鬼缠身所致，于是请道士写一"路引"在住宅相近的路口摆上羹饭，目的是贿赂鬼神，放弃对病人的迫害，当鬼魂离开病人后，病自然也就好了。

第五章

古代墓葬与墓地

在古人看来,丧葬不只是单纯安葬死者,它直接影响到社会的伦理规范乃至政治秩序。正因为丧葬有如此重要的社会功能,它受到历代朝廷和民间的广泛重视也就不足为奇了。

墓葬的形式、形制结构、规格等级、布局和装饰、随葬品的内容及多寡等,无不折射出人们在丧葬上的价值观念,也反映了不同时代社会的宗教信仰、伦理道德、政治和经济制度。墓葬是各个时代社会生活的一种折射。

第一节
墓葬的起源和发展

坟墓的起源、演变

人生百年，必有一死，有死便有葬。葬在汉字里属于象形字，意为将死者掩埋在草丛中。《说文解字》里把"葬"字的意思解释为"藏"，即把尸体放在草垫或用树条捆扎而成的木床上，然后用乱草覆盖掩藏。《易·系辞下》记载："古之葬者，厚衣之以薪，葬之中野。"所谓"厚衣之以薪"，也就是用树枝杂草掩埋。故《礼记·檀弓上》说："葬也者，藏也；藏也者，欲人之弗得见也。"

在原始社会初期，人们并不掩埋同类的尸体，而是弃之于原野山谷。正如《孟子·滕文公上》所说："上世尝有不葬其亲者，其亲死，则举而委之于壑。他日过之，狐狸食之，蝇蚋姑嘬之。"后来，随着社会的发展，灵魂不死、祖先祭拜观念逐渐盛行，人们便有意识地处理同伴的遗体，不忍心亲人的尸体遭受野兽昆虫的噬食。

据考古发现，我国最早的墓地是北京周口店山顶洞人的居室葬。大约在1.8万年前，处于母系氏族社会早期的山顶洞人把自己居住的山洞的深处用做墓地，在那里覆土掩埋死者的尸体，尸体上撒有红色的赤铁矿粉屑，并随葬

第五章　古代墓葬与墓地

石器工具和石珠、穿孔兽牙等物品。随着生产工具的发展，到了新石器时代，人们已能够深掘土坑，把尸体埋在地下。这种能更好地保护尸体的、真正意义的土葬，逐渐成为最普遍的葬法。考古工作者从距今七千年到五千年母系氏族社会繁荣时期的黄河流域仰韶文化遗址中，发掘了两千多座墓葬，其中绝大多数是土坑葬，有的葬坑底部和四壁经过了加工。除了单人葬之外，还有不少同性多人葬和一坑中男女老少混葬、母亲和子女合葬等现象。同一葬坑中的人不可能都在同时死去，当系迁移合葬，即先分别进行土葬，等肉体全部腐烂后又挖出尸骨做二次葬。许多公共墓地所有尸骨的头部都朝同一方向，可能是人们心目中死后鬼魂的去向。对夭折的幼儿往往贮以瓦罐，用盆、钵覆盖罐口，埋葬在住房附近，盆、钵中央留出小孔，以备灵魂出入。到了原始社会末期，土坑葬已遍及黄河长江流域、东南沿海以及东北一带广大地区。

坟，本义为土堆。屈原在其《九章哀郢》中就有"登大坟以远望兮"，在这里，坟是指土堆成较高的地方。而墓的出现比坟要早得多。后来，坟与墓连称，意为死者的墓地。《礼记·檀弓上》引用孔子的话说"古也墓而不坟"。郑玄对这句话的注释是："墓为兆域，今之封茔也。土之高者曰坟。"墓是埋葬死者的场所，指平处，坟是墓上堆高的土，为高处，我国自从出现了墓葬以后，在相当长的时间里，墓上是没有土堆积的，所以汉代学者扬雄特别提到"葬而无坟谓之墓"。

《易·系辞下》讲到，上古的墓葬"不封不树"，也就是葬地不起坟，也不种树以设标志，这种丧葬风俗，就连当时的统

凄凉的坟头

治者也不例外。如西汉末刘向所说："殷汤无葬处，文、武、周公葬于毕（今陕西咸阳东北），秦穆公葬于雍橐泉宫祈年馆下（今陕西凤翔县南），皆无丘垄之处。"东汉崔寔在《政论》一书中也说："古者墓而不坟，文、武之兆，与平地齐。"根据考古发掘，这些记载是比较可信的，河南安阳市发掘的殷王室墓群，虽然墓穴规模巨大，但都是墓与地平，没有坟丘。

根据文献记载，有土丘的坟墓在中原地区的出现大约在春秋中期，《礼记·檀弓上》说，孔子去世后，孔子的弟子引用了孔子生前的一段话，说："吾见封之若堂者矣，见若坊者矣，见若覆夏屋者矣，见若斧者矣。从若斧者焉，马鬣封之谓也。"明确说明了在孔子之前就有这四种不同形状的土丘坟。孔子幼年丧父，不知父亲葬在哪里，后经多方寻找，才找到了父亲的墓地，孔子感叹地说："古也墓而不坟，今丘也，东西南北之人也，不可以弗识也。于是封之，崇四尺。"孔子为了便于识别父亲的墓，在基地上堆起四尺高的坟丘做个标记。这四尺高的坟头，大概就是马鬣封。孔子死后，葬地也起坟堆。《史记·孔子世家》记载"弟子及鲁人往从冢而家者百有余室"，"鲁世世相传以岁时奉祀孔子冢"。冢者，坟也。土丘坟一经出现，很快由"不封不树"变为"又封又树"，而且坟头的高低大小，坟地树木的多少已成为表明死者身份的一种标志。《周礼·冢人》所谓"以爵等为丘封之度与其树数"，"尊者丘高而树多，卑者封下而树少"，说的是土丘坟体现了墓主人的身份地位。《史记·文帝本纪》中说："不治坟，欲为省。"说明当时治坟是很费力费钱的事，有没有坟已经成为墓葬的重要标志了。那时的王公贵族"丘垄必巨"，高大若山，树之若林，已形成风气，并且制度化和规范化。就是民间的一般墓葬，起坟植树也是普遍现象。"坟墓""丘墓"连称，在文献中已屡见不鲜了。

随着坟墓礼制的出现，又有了许多有关坟墓的名称，如丘、冢、陵、山等墓地的称呼，虽然形式各异，但它们都是埋葬死者的地方。

春秋时期出现土丘坟，究其原因，是多方面的。

第五章 古代墓葬与墓地

一是该时期社会经济、政治、文化的变化造成的。春秋时期是我国历史上的大变革时代，由奴隶社会逐渐向封建社会过渡，旧的等级观念已经不适合新的时代发展的需要，而坟的出现及坟墓的等级化正是当时新的阶级关系的反映。

二是为了识别祖先的墓地的需要。春秋时期，旧的社会结构已经瓦解，人们的交往日益增多，人口流动迁徙频繁，多年以后很可能找不到祖先的墓地，垒土为坟就是很自然地选择了。春秋战国时墓祭的现象已相当普遍，只有找到祖先葬身之处祭告，才能被祖先所接受。《礼记·曾子问》曾提及孔子主张可以"望墓而为坛，以时祭"。如果墓地不封不树，年远世久，就会难以确认，因而需要堆土成坟作为标志，孔子为父母合葬，又在墓上培土封之，就是出于这种考虑。

三是坟的高低大小与人的身份地位等级和统治阶级为显示威权而率先倡导有关。春秋战国之际社会激烈动荡，以各国国君为首的统治者们生前穷奢极欲，他们幻想死后到了另一个世界，不仅可以照旧享受原先享受的一切，而且仍能向世人显示自己的赫赫威权，高大的封土堆正象征着统治权，比"墓而不坟"更符合他们的心意，而通过坟丘的高低大小和不同的形状来区分死者的身份，比埋在地下的其他用以区别身份的东西更能使后人有所感觉，这也正体现了森严的封建秩序，由国家予以规定，有利于巩固封建统治。《吕氏春秋·孟冬记》就记载了当时专门有官员"营丘垄之小大、高卑、薄厚之度，贵贱之等级"。王公贵族的倡导和封建国家用政令来推行，也大大加快了土丘坟的普及速度。

秦汉以后，几乎是无墓不坟了。汉代对坟丘的高度做了明文规定，对违反制度者给予惩罚。唐代在汉代的基础上加上方形墓。在整个封建社会，坟墓等级分明，官爵越高，墓地越大，坟头越高。郑玄提到"汉律曰列侯坟高四丈，关内侯以下至庶人各有差"。后世制度更为严密，唐、宋、元、明、清五朝的典章对不同品官和庶人墓地的大小都有具体的规定。

古代墓葬沧桑变迁

墓葬，是埋葬死者的场所。墓葬起源于灵魂观念和祖先祭拜。古代人认为，人死但灵魂依然活着，是到另一个世界去了。这些不死的灵魂，还能回到人间来降临祸福。因此，人们对于死去的祖宗除了存在感情上的怀念之外，还希望他们在另一个世界过上美好的生活，并对后代子孙赐佑降福，为此应该善待死去的祖先尸骨，这样就产生了墓葬。

我国古代的墓葬，从无到有，从小到大，从简朴到繁杂，经历了一个漫长岁月的沧桑变迁。其间，受到社会生产力水平和社会组织形态的制约，在不同阶段表现出不同的形式和特点。

北京周口店山顶洞人洞室（居室内）墓葬的发现，说明至少在旧时器时代晚期，先民们已按一定的方式埋葬死者，山顶洞人将洞穴的上层作为居室，

古墓室

第五章 古代墓葬与墓地

下室作为埋葬死者的墓地，这是"墓"的起源。

到了新石器时代，宗教观念进一步深化，人们对死者的墓葬也日趋重视，墓葬开始有了明确的制度，即由旧石器时代的洞穴墓地发展为户外氏族公共墓地。墓坑一般为长方形或方形的竖穴或土坑。在氏族的公共墓地中，数以百计的墓坑集合一起，排列有序，它们多数是单身葬，也有不少是两个或数个人的合葬。

合葬墓意味着什么？考古学家们对此做了诠释：仰韶文化和大汶口文化前期的合葬墓，往往是将许多已经埋葬的尸骨迁移而葬入同一墓坑内（考古学上称"二次葬"），他们是同一家族的成员，体现了母系氏族社会紧密的血缘关系。也有一些合葬墓埋葬着两个完整的尸体，且他们的性别相同，这是兄弟或姐妹同葬。大汶口文化后期及龙山文化、齐家文化的合葬墓多为两个成年男女的完整尸体，这说明在父系氏族社会中，已经有了比较固定的婚姻关系。而齐家文化的合葬墓中，有一成年男子和数位成年女子合葬，这说明男子死后以妻妾殉葬的情形。

我国各地新石器时代的墓，墓坑一般小而浅，仅能容纳尸体。一般也没有木棺椁类葬具，只在大汶口文化后期的少数墓葬中，墓坑较大，坑内沿四壁用木材垒筑，上面又用木材铺盖，这构成了葬具——木椁，这大概是由于墓主人的身份、地位比较特殊。幼儿死后，一般用陶器作葬具，即所谓"瓮棺葬"。

新石器时代墓葬随葬品以陶器最为普遍，其次是石制或骨制工具。男子墓内多为石斧、石铲、石刀之类，女子墓内多为陶制或石制纺轮，说明男女在生产中有了明确的分工。在同一墓地中，各墓的随葬品多少相差无几，这说明在原始社会中，各个氏族成员在经济地位上是平等的。但是，到了新石器时代后期，在随葬品上就出现了较大的差异，如大汶口文化晚期的少数较大的墓，随葬的陶器多达一百多件，猪头多达十余个，这说明已经出现贫富分化，墓主人拥有比一般人更多的财富。与此同时，新石器时代晚期在氏族墓地内出现了相对独立的家族墓群，这表明拥有私产的父系家族开始崛起。

商代处在我国奴隶制社会的盛期，社会生产力有了较大的发展，商人信仰鬼神，神鬼为本，所以墓葬在商代有了较大的发展，已出现墓道、墓室、椁室和地面建筑。无论从墓葬的规模、形制，还是墓室、棺椁和随葬品来看，商代都是我国墓葬发展的一个重要阶段。

氏族或家族墓地特征大大强化，殷墟王邑发现的大小墓地不下几十处，有王陵区、贵族家族墓地、一般氏族组织墓地、普通贫民或奴隶墓地，井然有序，在墓地制度上存在着严格的阶级和等级差别。

统治者的陵墓一般比较十分宏大。商王的陵墓有"亚字形"和"中字形"两种。前者墓室是一个巨大的方形或亚字形的竖穴或土坑，四面各有一个墓道，如安阳侯家庄的一座最大的"亚字形"墓，墓室面积约330平方米，加上四个墓道，总面积达1800平方米，深度15米以上。后者墓室是一个大型长方形竖穴或土坑，南北两面各有一个墓道。安阳武官村一座最大的"中字形"墓，墓室面积近170平方米，加上墓道，总面积达340平方米，深度7余米。在贵族墓中，还有一种"甲字形"墓，墓室呈长方形，只在南面有一个墓道，规模略逊于前两种墓。除上述三种墓外，商代绝大多数墓，其墓室都是一个长方形的竖穴或土坑，没有墓道。但在规模上有很大差异，大贵族墓面积可达20余平方米，一般小贵族墓的面积不足10平方米，平民墓面积只有3~4平方米，有的甚至不足2平方米。

从椁室和葬具来看，商王和各级贵族墓，墓室内用木材筑成椁室，殓尸的葬具都是木棺，放在椁室正中。平民墓有的有椁有棺，有的有棺无椁。无论是贵族墓还是平民墓，墓中主人只有一人，没有夫妻合葬现象。

从随葬品看，商王和各级贵族墓的随葬品十分丰富、精美，有青铜器、玉石器、陶器、漆器和骨角器等。此外，大量使用人和牲畜殉葬。

西周的墓葬制度承袭商代，继续实行以血缘为纽带的聚族而葬制度。诸侯、贵族大墓，有的是设有两个墓道的"中字形"墓，有的是设有一个墓道的"甲字形"墓。除上述两种类型的大墓以外，绝大多数的墓仅有长方形的墓室，不设墓道，规模大小因墓主人身份高低而有较大差别。

棺椁制度有严格等级，所谓"天子棺椁七重，诸侯五重，大夫三重，士再重"。考古发掘证明，有些大型和中型墓，在椁室内置双重棺，可见史书记载大致可信。

诸侯、贵族等随葬品以各种青铜礼器为主。与商代相比，酒器减少，食器增多。在各种食器中，鼎和簋最重要。周代礼制规定：天子用九鼎、诸侯用七鼎、大夫用五鼎、士用三鼎或一鼎。用人殉葬制度在西周前期仍普遍，西周中期以后则稍微减退。此外，西周已出现了夫妻合葬制度。夫妻分别葬在两个互相紧靠的墓坑中，所谓"异穴合葬"。

春秋战国时期，是我国奴隶制向封建制转变的历史时期，各地经济、文化发展不平衡，在意识形态领域内陈旧的等级礼制开始动摇，表现在墓葬制度上，地面普遍出现坟丘，墓内规制也随之日趋复杂、奢华。许多诸侯贵族墓在地面上筑有坟丘，坟丘一般用夯土筑成。战国时代的大墓，往往在墓室内积石以加固、积炭以防湿。河北平山中山王墓附近发现六座陪葬陵，说明陪陵制度已出现。此外，在关中和中原地区战国晚期墓中，出现以横穴式土洞墓，以及一种体积庞大的空心砖筑成的椁室墓。

汉代是我国墓葬制度发展史上又一个划时代的变化时期，其主要的变化表现在：汉代墓葬与前代墓的形制和构造上的区别，主要在于普遍用横穴式的洞穴作墓坑，用砖和石料筑墓室，其特点是模仿现实生活的房屋。

贵族的大墓在山崖中穿凿巨大的洞穴，作为墓室，故称"崖墓"。全墓可分耳室、前室、后室等部分，墓的形制和结构完全模仿房屋，故称"地下宫殿"，如河北满城的中山靖王墓和山东曲阜的鲁王墓。

西汉出现一种空心砖墓，墓室呈长方形，形状似木椁。到了西汉后期，它的顶部往往搭成屋顶状，前壁搭成门的样子，就像房屋一样。砖面上的花纹，成了墓室内的装饰，在墓室内施彩色的壁画，内容有天象图、四神图、神话传说和历史故事等。这些题材在东汉墓内的壁画和石刻图像中得到进一步发展。

西汉中晚期，在中原和关中出现由小型砖建筑的墓——砖室墓。到了东汉时，砖室墓迅速普及，成为当时流行的一种墓。

西汉晚期出现一种石室墓，到东汉时盛极一时，墓室中雕刻着画像，故称"画像石墓"。墓室的结构和布局，也是仿照现实生活中的住宅。

此外，汉代墓葬制度方面的新变化还表现在：西汉棺材用榫卯拼接，东汉普遍用铁钉；除帝陵外，流行夫妻同墓合葬；皇帝和贵族穿玉衣入葬；东汉墓中有时还随葬一种买地的契约——买地券；普遍筑坟丘，形状呈方形覆斗状；东汉墓前盛行建石阙，并置人物、动物的立体石雕像，还流行墓地上立石碑。

魏晋南北朝时期，墓葬制度大体上承袭汉代。在墓葬上的主要变化有：魏晋以后，画像石墓减少，贵族和官僚墓一般为砖室墓；各地流行在墓室中设棺床，以安置棺木；到了北魏，有的墓室隧道的顶部开天井，直通地面，还出现石椁，其形状完全模仿房屋；从西晋开始，陶制的镇墓兽流行，墓内一般置墓志。就砖室墓而言，依其墓室多少可分为单室、双室、多室，依其结构可分为凸字形券顶、长方形券顶、穹窿顶等。除砖室墓外，还有土坑墓、石室墓和崖墓等，其中以砖室墓最为流行。

唐代墓葬大致可以以长江为界分南北两大区。北区唐墓根据其构筑材料和开凿形式，又可分为双室砖墓、双室土洞墓、单室砖墓、单室土洞墓和土坑墓五类，唐代较大的墓葬一般都绘有壁画；南方唐墓可分为砖室墓和土坑（或土洞）墓两大类。

北宋时中原和北方地区墓葬可分为土坑墓和砖室墓两类，南方以竖穴土坑墓为主，也有长方形砖室墓，到南宋时，长方形砖室墓增多。

明代一般官僚地主的墓葬，多为简单的长方形砖室墓，但讲究棺椁密封与防腐措施。清代基本上承袭明代的墓葬制度。

第二节
形态各异的墓式

墓式是葬制礼仪追求的一个重要内容。在封建社会，所有的人都有自己所属的不同等级，活着时需要遵守与身份相关的礼制，死后也同样需要按礼进行安葬，按礼建造属于个人的墓式。那些地位显赫者，诸如帝王大臣，他们生前宫殿大屋，死后也需要与之相对应的高坟大墓，而平民百姓，生前默默无闻，死后同样也只有低矮的坟包相伴。这就是那个封建时代的客观现实。

至高无上的帝陵

从封建专制政权出现之后，帝王的权力就在不断地扩大。他们可以生杀予夺而不需顾忌任何法律，因为法律都是他们为维护其统治地位和利益自家制定的；他们享尽天下的荣华富贵，却还要在死后让人陪葬殉死或埋葬无以计数的珍宝供自己在另一个世界享用；他们住尽天下豪华的宫殿，却还要在死后建起巨大的陵墓继续享受帝王的荣耀。没有人能超越这种权力，所以，他们的陵墓也是无与伦比，享有至高无上的权威。

殷商时期，贵族已经实行独有的"公墓"制，他们死后葬在一起，目前考古发现大墓大都集中在一起的情况足可以证明这一点，如安阳殷墟等。但陵出现于何时，目前还没有确切的定论。战国以前，无论身份如何，其死之葬统称为"墓"。君王之墓始称为"陵"是从战国时开始的，首先出现于赵、秦等国。赵肃侯十五年（前335年）"起寿陵"是历史记载上最早称陵的帝王之墓。秦国在秦惠文王卒后（前311年）葬"公陵"开始称陵。陵出现于战国之际，是有其历史和现实依据的。

陵，原意为山。春秋之后，堆土为坟的方式在中原地区流行起来，为了显示君王与平民百姓的不同，便堆起高高的坟墓，似与山同，表示高大，故称陵。后来，山陵泛指为帝王的陵墓，是因为秦时称帝王之墓为山，而汉时则称帝王之墓为陵，二者合称则为山陵。《水经注·渭水》载："秦名天子冢曰山，汉曰陵，故通曰山陵矣。"山陵因只有帝王才享有，故也称帝陵。帝陵也是墓，所以也称陵墓。

首先，帝陵都非常高大。各个朝代都对帝陵的大小做出一定的规定。陵之所以原意为山，就在于陵墓非常高大，像山一样。根据杨宽先生的研究和统计，西汉的帝陵，都非常高大。

其次，帝陵地表上建筑非常宏伟。陵墓的地表上建筑分祭祀性的建筑和陵区建筑等几种。祭祀性的建筑本身就是仿居室或宫殿的，而陵区的建筑也同样是人世间观念的模制。秦始皇陵采用城郭建筑方法，外城长6210米，内城长3870米，根据秦人的观念，外城叫郭，内城叫城，以应"天人相应"。汉代的帝陵基本上沿袭秦制。魏晋南北朝时，由于战乱而造成的汉陵被盗现象为人们所目睹，纷纷提倡薄葬。曹丕便提出自己的坟墓要"因

明帝陵

山为体，无为封树，无立寝殿，造园邑，通神道"。这一方面说明魏晋时确实在行薄葬，同时又说明，在前代是实行"造园邑，通神道"这种有象征身份等级的墓上建筑的。薄葬这种现象延续不长，南北朝之后，陵墓建筑又重新得到了恢复。历经唐宋至明清不绝，并且越来越恢宏博大。

最后，帝陵的选址非常讲究风水观念。历史上帝王极信风水，仅以清王朝的东陵为例，就可以清楚地说明这一点。

关于清东陵的选定，有几种有趣的说法。《清史稿·礼志五》记载，清东陵是顺治帝亲自选中的。一次，顺治帝到遵化昌瑞山狩猎，看到此处山清水秀风景优美，便不由得大加赞叹。他环顾四周，觉得这是不可多得的风水宝地，便说，"此山王气葱郁，可为朕寿宫"。他亲自引弓一射，对侍臣说，"箭落处即可定穴"。后来的风水师见了，皆惊呼为吉壤。这便是现在仍可见到的清顺治帝的孝陵。另有一种说法是，明崇祯帝巡行时发现此地后定为明代今后的陵区的，但因李自成起义，崇祯帝自杀而无法实现，结果被清朝开国君主相中。前者具有很强的传奇性，后者则蕴含对明王朝灭亡的哀叹。

其实，真正发现并堪定清东陵的是杜如预、杨宏量等人。清《九朝东华录》记载了这件事，当时因汤若望与杨光先为荣亲王安葬日期误用"洪范五行"而诛杀甚众，其中汤若望因老免死，杜如预、杨宏量本当也是处死的，但因其在永陵、福陵、昭陵、孝陵堪定中出过大力而免死。所以，说到底，清东陵的选址，乃是在皇帝信仰风水的基础上由风水师选定的。

帝陵极重风水，目的无非是为了保证其王朝获得祖先的庇佑。但不管帝王们如何绞尽脑汁地运用风水去堪定天下最具有"王气"的风水宝地，也无法保证江山不被更替。

民间各种墓式

自从出现了堆土成形的坟，古代的墓制形态逐渐退出了民间视野。即使在北方的一些地区仍然保持洞室墓，但是在墓上堆土为坟，立碑为记，与现在的坟墓没有什么不同。

到目前为止，坟墓具体起源于何时仍然没有一个明确的答案。但是可以肯定的是，堆土为坟的形制首先出现在南方。因为南方雨水较多，地表水位也高，堆土为坟可以把坟墓因受环境影响而遭到的破坏减少到最低限度，同时可以保持坟墓的干燥和标志的完整。就现在来看，情况的确是这样。根据相关资料，我们可以得知，南方坟墓样式较多。人们在堆土为坟的基础上，发展出了多种形态，如椅子坟、八字坟、龟壳墓、石椁浮坟、塔式坟、小房子坟……而馒头坟是北方的主要坟式。

1. 馒头坟

馒头坟是堆土为坟的最简单方式，因为其外在形态特别像馒头，所以以馒头坟命名。在民间也称其为土坟或土坟头，如果文雅点的话，而称土堆坟。

在中国，基本上每个地方都存在馒头坟。通常来说，馒头坟的坟式有两种，一是直接堆土为坟，其形状为圆锥体，坟高数尺，当然具体多高要根据需要而定。是否立有墓碑，则由丧主根据经济条件来决定的。二是在直接堆土为坟的基础上，砌有坟圈。这种坟属锥柱结合，下面的圆柱体可用石头砌，也可用砖头砌，现在多用水泥浇制的。通常，这种坟式都会有墓碑，除此之外，还可能有一些其他装饰性的建筑。

与此同时，有些地方因为受环境和材料的限制，采用特殊的堆制方式，如在银川贺兰山脚下成片的平滩上就分布着大量用沙和石块堆垒而成的馒头坟，有的有墓碑，有的则没有。

2. 椅子坟

椅子坟有许多不同的叫法，如交椅坟、高椅坟、交椅靠、椅子梢、交椅梢、轿椅坟等。主要分布在浙江省的温州等地，沿瓯江则可达丽水的部分地方和金华的武义柳城镇部分地方，沿海往北则进入台州的玉环、温岭和宁波的象山及舟山的部分地方。

椅子坟的结构有的简单，但有的比较复杂。简单的椅

乡间的椅子坟

子坟单坑单穴，其坟圈可用石头来砌，但也可用三合土来筑。现在大部分是用水泥来砌的。通常来说，墓碑都嵌入墓后的椅靠当中，但是也有立在墓前的。复杂的椅子坟有很多层级，如清代温州泰顺县百福岩村的林一牧墓，椅靠坟圈有三层，从前面看，需要经过三级才能到达椅子坟的墓坑处。正面五级台阶，上第一层，然后左右各有台阶可上第二层，接着才能上到第三层墓坑处。就面积来说，整个坟墓占地超过一千平方米。除此之外，还有一种是家族式椅子坟，它的后半部分是标准的椅子坟，而前半部分则可以向前延伸，有很多墓坑，通常是每一层级可以安葬家庭中的一代人。

3. 龟壳墓

这是一种与椅子坟有着相近结构的坟墓样式，在福建等地的民间俗称龟壳墓，在晋江也有称"大墓"的，在澎湖岛则叫"单披山"或"双披山"。这一墓式在福建、广东、台湾等地都有分布。

具体到何为龟壳墓，周星说："在闽南地方，人们对于'龟壳墓'的解释是'寿龟'、'长寿'和'吉祥'等。"因为贫富有别，所以龟壳墓的规模也存在很大差距。据有关历史资料记载，"大者，墓碑两侧筑有一伸手、二伸

手、三伸手、四伸手，墓庭也筑有一拜埕、二拜埕、三拜埕。墓龟不仅大，而且有的还用三合土或砖石砌成龟壳状。小者仅竖一块粗陋的墓石封墓门并为志，墓龟既小又没有墓山"。

通常来说，龟壳墓前都设有一个墓桌或祭台，在闽台一带，墓龟分两种，即椭圆与圆形。墓龟椭圆的通常是一次葬墓，即"凶葬"墓，圆形为二次瓮葬墓，也称"吉葬"墓。其具体情况与其他墓式相同，贫穷人的墓龟大都由土堆而成，而富者则通常用石块雕成龟壳状，再拼装在坟墓上，或者用三合土堆成龟壳状。

4. 八字坟

这种坟墓样式在浙江武义等地最为常见。在当地，所有的坟都被称为"坟头"。但是，那些坟面经过特别制造的、前有坟手并排展开呈八字形状的坟，被称为八字坟。这种坟墓样式在浙江的金华、衢州、丽水、杭州、绍兴等地都有分布。可见，八字坟是对一字坟的变异和发展。

八字坟分为大八字坟和小八字坟两种。与大八字坟相比，小八字坟较为简单和简陋，大致由石块和砖块堆砌而成。通常来说，这种坟都是砖拱式的，坟包上堆土加以掩埋，同时也利于清明上坟时添土。小八字坟都没有墓碑。这足以说明，小八字坟是对一字坟样式的改造，也正是因为出现了坟手，才构成了汉字的"八"字。在具体建造方面，大八字坟要比小八字坟豪华，大八字坟大都以砖砌的形式完成，其上面完全模仿徽式建筑的马头墙形态，以瓦片覆盖于其上。大八字坟都有墓碑，而且墓碑上面还写郡头和某某之墓一类的文字。砖面上涂刷白石灰，而且还有各种各样的文字，如"山清水秀"、"钟灵毓秀"……大八字坟也是砖拱式墓道，坟包比小八字坟大点，这样是希望子孙们能够孝顺和有出息。如此种种说明了八字坟是一种将墓葬内在的居室认知推而及之于外在墓式居室形态的坟式。

与此相类似的还有平面或立柱结构的坟墓，这种坟的坟面有不同数量的柱子，有两柱、四柱、六柱和八柱之分。除了坟面表象与八字坟稍有不同外，其他情况都是相同的。

5. 石樟浮坟

在浙江的台州一带则盛行石樟浮坟，其特点是在墓地平整出一块平地，有的铺上石板，或者是仅仅在石樟周边象征性地铺一些石板，然后用两长两短的四块石板拼接成石樟，等将死者葬入棺材之后，上面盖上石板。因为它是平地起坟，所以被称为浮坟。

除了台州，在绍兴一代，这种坟式也有分布。丽水的缙云等地在平地上用石条堆砌成的土库式坟墓，也与石樟浮坟有相似的结构。与石樟浮坟相似的还有在中国其他地方存在的厝坟和浙江、江苏等过去存在的坟屋。坟屋顶部大部分是采用双斜面的屋形方式，但石樟浮坟采用的是平面方式。

石樟浮坟与原始社会晚期在东北和浙江的许多地方存在的石棚墓非常相似，可见，二者在文化方面必然存在着很深的渊源。

6. 塔式坟

所谓塔式坟就是像塔一样形状的坟墓，也被称为塔葬。印度是塔的发源地，塔本来是作为收藏寺庙中的舍利和经卷的地方，后来成为佛教高僧埋葬骨灰和尸体的地方，即成为一种葬法和坟式。目前仍然有很多寺庙都存在塔葬的遗存。后来，这种葬法渐渐传入民间，并且成为地方上信仰佛教的居士的坟式。甚至有些地方为了美观，把火化后的骨灰葬入塔式坟中。另外，在浙江的玉环也有这类坟式。它们用水泥和石块围叠而成，高达11层，呈圆形，一面有墓碑，最上面还有四圆柱并四角飞扬的小亭子，非常漂亮。在江西的军山湖一带，也分布着大量非常独特的塔式坟墓。它们用石条堆砌而成，有3层，塔坟外围有坟圈，其顶呈拱形。

7. 小房子坟

这种仿房子式的坟墓在浙江和江苏部分地方存在。这种坟墓是火化之后而形成的埋葬方式。

其房子的样式和结构与生者所住的房子没有什么区别，只是规模稍小。这类小房子坟，其材料多为玻璃。

以上所提到的一些坟墓样式仅仅是主流墓式的一些代表性缩影。事实上，全国各地民间所存在的墓式远远比这丰富。古往今来，人们都非常重视死者的归宿。不同地区通过不同的方式来表达对于死去亲人的那份热爱和崇敬。

知识链接

道士开路铺芦席

道士给死人超度时，都要在地下铺一张芦席。这里面有个原因。

传说从前，一个有钱有势的员外死了母亲，他出五百两纹银请来西方的和尚、东方的道士给亡人开路送葬。道士与和尚都想赶走对方，好独吞钱财，各自都在心中暗打主意。

酒宴散后，两方摆好香炉，穿上袈裟道服，准备给亡人超度。道士对和尚说："你念你的经，我开我的路，我们井水不犯河水，但地方得分好。"和尚问道士如何分法，道士说："各自用自己身边所带之物占地方。"和尚应一声："请看"！使出法来，将袈裟撒出来，占满了整个屋子。道士一看，大叫一声不好，趁袈裟还未着地，慌忙使出道法，抓起一床芦席扔在地上，算是占了一席之地，和尚只好甘拜下风。

从此以后，道士每次给死人开路，都得先放一床芦席，站在芦席上给亡人开路超度。

第三节
墓葬制度和习俗

很早的时候，人们就对墓地进行某种选择。山顶洞人将死者埋葬在下室，与人居处分开来，不仅是阴阳分离观念支配的结果，同时也是人们对于死者安置中的一种葬地选择。后来，这种选择出现在原始社会氏族墓地之中，并一直延续，成为中国丧葬习俗中最独特也是最神秘莫测的内容。

历史上的相墓术

在古代时期，人们就已经意识到，死是必然的，人们根本无法改变。所以对于这一无法改变的事实,人们用非常隆重的仪式来对待它,也就是丧俗。人在死后需要有一个安身之地,所以在葬俗文化发展过程中,就形成了个性鲜明的墓地选择习俗。后来,这种习俗成为风水,也就是早期人们所称的相墓术。

所谓相墓术就是堪定墓葬的地域、方位以及与水、山环境等关系的一种术数。在古时候,人们就已经开始相信相墓术是可以改变人的命运的。《后汉书·袁安传》载:"安父没,母使安访求葬地,道逢三书生,问安何之,安为言其故,生乃指一处,云'葬此地,当世为上公'。须臾不见,安异之。于是遂葬其所占之地,故累世隆盛焉。"这段话的基本意思是,在袁安的父亲去世之后,袁安的母亲让他去找一块墓地。在寻找的过程中,他碰到了三个读书人。他们问袁安要去哪里,于是袁安就把母亲让他寻找墓地的话说了一遍。听到袁安这样说,读书人指着一处地方说:"如果葬在这个地方,你们家将世代出大官员。"随后他们就不见了。袁安非常惊讶,但是还是按照读书人的说法把父亲葬在了这里。果然,后来他们家非常发达,大官辈出。历史记载,袁安为东汉初年汝阳人,位至太仆、司空、司徒,其子孙世代都是大官僚。

《晋书·羊祜传》也记载了一个传奇故事:"(羊)祜年五岁,时令乳母取所弄金环。乳母曰:'汝先无此物'。祜即诣邻人李氏东垣桑树中探得之。主人惊曰:'此吾亡儿所失物

古代墓葬讲究风水

第五章 古代墓葬与墓地

也，云何持去！'乳母具言之，李氏悲惋。时人异之，谓李氏子则祜之前身也。又有善相墓者，言祜祖墓所有帝王气，若凿之则无后，祜遂凿之。相者见曰'犹出折臂三公'，而祜竟堕马折臂，位至公而无子。"其基本意思就是：在羊祜五岁的时候，让奶妈去取一副金环。可是奶妈说："你没有金环呀。"但是羊祜自己到李姓邻居东边墙脚下的桑树下找到了金环。听闻这一情况，李姓主人惊讶不已，说："这是我死去的儿子丢失的东西，你怎么找到的？"奶妈就把这件事情一五一十地说了。看到金环，李姓人家想起自己的儿子，于是非常悲痛。当时就有人断言，说羊祜是李姓儿子投胎转世而来。后来还有一件事，有一个善于看风水找墓地的人，放话说羊祜祖上的墓地有帝王气，如果挖断了龙脉就会断子绝孙。可是羊祜不听信这种说法，还是把它挖断了。看到羊祜这样做，看风水的人又说："即使这样，还是要出断臂三公。"不久之后，羊祜竟然从马上掉下来折断了胳膊，的确也做到了三公，但就是没有儿子。这些传说使得当时关于墓葬选择的信仰更加盛行。这说明了当时的人们相信只要选对了一个风水宝地，本人和后代子孙的命运都是可以改变的。

相传相墓术起于郭璞，现存《葬经》就是其阴宅风水术的开山之作。在郭璞之后，相墓术传遍大江南北，特别是江南地区最为流行。无论是帝王，还是百姓，都把自己的命运托付于墓葬风水术。南朝时期宋武帝刘裕之父的墓就葬在丹徒候山，这个地方在秦代时期就断定是有天子之气的地方，果然出了南朝宋的开国君主。史载："（宋武帝）皇考墓在丹徒之候山，其地秦史所谓曲阿、丹徒间有天子气者也。时有孔恭者，妙善占墓，帝尝与经墓，欺之曰：'此墓何如？'孔恭曰：'非常地也。'"当时，有一个善于看墓地风水的人，叫孔恭。宋武帝曾经让他看看他父亲的墓地，随口问他说，这块墓地怎么样？孔恭说："这是一块非常好的风水宝地。"

无论是秦汉的望气，还是魏晋南北朝的相墓，甚至于是唐代的墓葬风水术，它们都是葬俗中人们非常看好的文化。

墓地选择的风水观念

风水又被称为堪舆、地理、相地术、相墓术、青乌术、青囊术……它是原始先民结合自己的居住环境而形成的一种活人与死者"居住地"选择的技术性文化。在一定程度上,它体现了古人对很多方面的先验性判断,如居住环境在山的走向及表势、水的流向和风的方向……

在很早的时候,风水观念就已经出现。从卜宅到相宅,经历了一个从神判到人判的过程。关于风水理论的形成,很多人认为在秦汉魏晋时期,风水理论已经基本形成。而丧葬中的风水,即相墓术,是选择阴宅的一种理论和

群墓的择址也讲究风水

第五章　古代墓葬与墓地

技术。而相墓理论则是起源于汉末的郭璞。《晋书·郭璞传》记载，郭璞曾受业于郭公，郭公从青囊中取书九卷给他，从此之后，郭璞就精通五行、卜筮之术。史载："郭璞，字景纯，河东闻喜人也。父瑗，尚书都令史。时尚书杜预有所增损，瑗多驳正之，以公方著称。终于建平太守。璞好经术，博学有高才，而讷于言论，词赋为中兴之冠。好古文奇字，妙于阴阳算历。有郭公者，客居河东，精于卜筮，璞从之受业。公以《青囊中书》九卷与之，由是遂洞五行、天文、卜筮之术，禳灾转祸，通致无方，虽京房、管辂不能过也。"而《晋书》中说，郭璞的父亲才思敏捷，而郭璞本人则好学，颇通经文和术语，但是不爱说话。在阴阳历算方面，郭璞的造诣非常深。后来，他从师于郭公，得到《青囊中书》九卷，从此之后就能上通天文，下知地理，成为当时赫赫有名的风水大师。

有一些资料记载说，郭璞结合自己的实践写成了《葬经》一书，在这本书中，他将葬地与堪舆术加以系统化和理论化，最终成为风水大师。郭璞认为："葬者，乘生气也。夫阴阳之气噫而为风，升而为云，降而为雨，行乎地中而为生气。生气行乎地中，发而生乎万物，人受体于父母，本骸得气，遗体受荫。盖生者气之聚，凝结者成骨，死而独留，故葬者反气内骨以荫所生之道也。经云：气感而应鬼福及人。是以铜山西崩，灵钟东应，木华于春，粟芽于室，气行乎地中。其行也，因地之势；其聚也，因势之止。丘垄之骨，冈阜之支气之所随。经曰：气乘风则散，界水则止。古人聚之使不散，行之使有止，故谓之风水。"可见，郭璞早已经把生者和死者以及自然万物都糅合在了一起，这使得风水理论与埋葬更加系统化。

在《葬经》中，郭璞通过以下几方面的论述来证明自己的葬地的经典理论和观点：

1. 乘生气说

生气是指阴阳五行之气。与死者相比，生者的最大特点就是本身有

"气"，而死者只能靠行乎地中之生气。正如刘晓明先生所说："人在活着的时候，其气附于形体，不需要依靠其他什么东西。但是，在人死之后，其骸归地，凝聚成形的气便失却了依托，四处飘荡。而风水的目的就是将这些气聚集在一起，然后使其笼罩遗骸，感应生者。其办法就是'乘'生气"。正是因为依凭"生气"才产生了对后人造成影响的理论，而这些理论成为风水理论的重要内容。

2. 藏风得水说

气有两个特点，一是能随风飘散，因此需要藏风；二是遇水则止，所以一定有水。关于遇水则止，古人认为水能凝聚成气，气与水存在着依存关系。正是因为这两种原因，在选择葬地或者是选择风水宝地的时候一定既要藏风，也要有水。因为藏风得水能够在最大程度上保证"生气"的凝聚而不至于飘散，使得风水的有效性得到保证。然而，究竟是藏风更重要，还是得水更重要呢？二者是有一定次序的，通常来说是"得水为上，藏风次之"。民间中的风水来自"风"与"水"两者之间环境关系的判断。

3. 五不可葬说

由山和水所组合的风水所具有的效应也是不同的，所以，所征应的后人也是不同的。有的地方出将相，有的地方出平民，甚至还有些地方断子绝孙。正因为如此，《葬经》中提出五不葬，即"气以生和，而童山不可葬也；气因形来，而断山不可葬也；气因土行，而石山不可葬也；气以势止，而过山不可葬也；气以龙会，而独山不可葬也"。何为童山？童山就是不生草木的山。何为断山？断山就是陡峭壁立的山。何为石山？石山就是只有岩石的山。何为过山？过山就是顺势无依凭的山。何为独山？独山就是只有一个山头的山。这不葬的禁忌一直成为风水实践所必须遵守的。

4. 四神方位说

四神是指古人特别崇拜的四种神灵，分别指青龙、白虎、朱雀和玄武。这四种神灵位于东西南北四个方位，分别象征四方的地理形势，而最好的葬地就是由这构成的。所谓"葬以左为青龙，右为白虎，前有朱雀，后为玄武"，也就是说不仅要有四神出现于四个不同的方位，同时，出现在四个不同方位的四神还必须有特殊的形态，只有达到这个要求的地方才是最好的风水葬地，即"玄武垂头，朱雀翔舞，青龙蜿蜒，白虎驯烦"。也就是说，传统风水理论中最佳的一种模式就是方位对称，神灵形态生动。

《葬书》不仅首次提出了"风水"概念，而且还建立起了风水的理想模式，即：

（1）山有来龙与方位；

（2）水要横行回绕；

（3）气有四势以卫；

（4）穴有相水印木；

（5）土要细润五色；

（6）草木要枝繁叶茂。

关于风水理论的发展，郭璞的出现使其成为现实。宋代时期，除了遵守郭璞的风水模型基本原则之外，很多风水先生都认为，山要重山，也就是要有所谓的父母山和祖山，而水要直曲得当。另外，葬地还要有明堂。在他们的努力之下，建立了风水模型图，该图与郭璞风水模型图有一定差异但又有本质上的联系。明清之后，这种模式基本没有得到改变，在很多方面都得到了突出表现，如明清两代的北京十三陵和清东西陵。

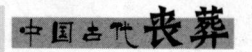

民间墓地选择的主要原则

在民间，墓地的选择非常有讲究，虽然无法做到与明清皇陵一样讲究极其标准的风水模型，而且也不允许有偌大的气派来完成这种只能由皇家才能做到的大手笔，但人们在埋葬死去的亲人时，对于风水的一般原则，还是坚定地支持并在实践中实行的。在全国的大部分地区，尤其是在江南的吴越地区，下述几点就是人们选择所谓风水宝地时经常需要遵守的：

1. 选择有水回绕的地方建墓

这在平原地区比较突出，原因是在风水理论中，强调得水为上。加上平原地区无山可依，人们只能通过对水的选择来完成风水理论中的最基本要素。

2. 选择有水又有山的地方建墓

这在丘陵地区和山区表现得比较突出。这种模式既注重了水，同时又照顾了山。但山与水一般的情况下并不会完全按照风水理论来生长，于是人们只能退而求其次，只要有山有水也就将就了。至于朝向和流向以及环绕与否，则可以不予严格地计较。但如果有山环水绕的布局，则常常被作为风水意义的墓葬的首选之地。

3. 选择朝向南或东的方向建墓

按照风水的一般理论，选择方向是与整个环境结构紧密结合在一起的，一般以坐北朝南为标准。事实上，对于居住在北半球的人来说，这种朝向是最适宜于人类居住的方位。而在民间的墓葬风水行为中，常常还要结合山的走向，一般大致朝南或东就可以。这与阳宅选择中的朝阳是一致的。在南方，这种选择与温暖、干燥、蓬勃向上、草木欣欣向荣等都有内在的关联性。

4. 选择高处和面向开阔的地方建墓

选择高处，可以有气势，高瞻远瞩；选择面向开阔的地方，则有发展前途。人们相信，死者与活着的人一样，在其居住的墓葬上，必须高阔才有各种运道相伴而生。所以，选择高处和面向开阔的地方，几乎成为沿海地区民间墓葬的一个非常重要的前提条件。

5. 选择山清水秀的地方建墓

古人云"青山有幸埋忠骨"，青山，主要是指植被茂密、树木葱郁的地方。这些地方，一般都有好水，实际上符合了山环水绕的原则。当然，这只能指整体情况，江南大部分地方都有山清水秀的佳构，是否作为选择的前提，同时还要考虑其他一些因素。如虽然山也清水也秀，但却是一些乱石岗，积大稀薄，或属于过山独山断山，这是民间在墓地选择时特别忌讳，并将之排除在外的。

上述原则仅仅是民间对于墓地选择与风水观念相结合的经验性总结，人们在现实中往往考虑一个或多个综合因素，之后进行选择；或者因为地理环境的限制，或者因为财力物力的限制，无法完成相关风水的信仰而采取权宜之计。

民间的墓地选择方式

民间是特别重视风水的。民众认为，风水好的地方不仅能够保证人丁兴旺，而且还能保证财源广进，甚至能出官人。而风水不好的地方，则容易出现家道中落，人丁凋零。所以，人们特别重视选择风水。从过去传统的习惯来看，民间的墓地选择主要有下面三种形态：

一是请风水先生进行选择，这在民间的墓地选择中是最为普遍的。如山西，"凡窀穸之事惟堪舆家言是听，故察看龙脉、相地点穴、分经立向，以及墓道深浅、择期营葬诸手续，必求阴阳家办理，他人莫能为也"。这是民间选择墓地的典型代表。这种方式，全部是由风水先生代为完成，丧家只提供各种条件，诸如山地的所有权或购买、其他费用的支出，包括给风水先生的报酬等。在民间，有关风水先生神奇能力以及选择了一块好的阴宅宝地可以让家庭或家族兴旺发达的传说很多，这样让风水先生介入选择墓地的习俗便有了极大的市场和影响力。在浙江的湖州，有一则关于查吴村的故事，它讲述的就是关于查姓与吴姓如何得到上好葬地并使家族改变了命运的事。

很早很早以前，郭吴村不叫郭吴村，是叫查吴村。这村里住着查、吴两姓人家。查家很兴旺，有钱有势。吴家很贫穷，无钱无势，不少人在查家屋里当帮工。

查家很富裕，就是没人在外头做官。有一日，村里来了一个姓张的风水先生，据讲会看地三尺，他看的风水能寅葬卯发，非常灵验。查家反正有铜钿，就把张先生请到家中，好酒好肉请他吃，要他拣一块宝地，让他家里几个子孙去当当官。张先生讲："查吴村地盘好，拣一块宝地也不难。但这风水蛮凶，我要是为你们家看到好风水，我的眼睛就要瞎掉，你们就要养我的后半生。"查家当家人满口答应："只要我们查家祖坟葬到风水宝地上，我们要把你当活祖宗待，每日炖一只老母鸡给你吃，还要让你用金筷金碗吃饭，金盆洗面。"张先生听查家人讲得十分诚心，就替他们家拣了一块风水宝地，叫查家把祖坟迁到这块风水宝地上葬了。果真是寅葬卯发，就在这一年，查家的一个公子上京赶考，考中进士，做了个蛮大的官。

张先生的眼睛也像他讲的一样果然瞎了，由查家奉养。开头几年，查家人每日给他吃一只鸡，待他真像活祖宗。过了几年，老一辈过世，小辈人当家，就变了，对瞎子先生看不顺眼，手下人服侍也凑合起来。有一次，把一

第五章 古代墓葬与墓地

只落在茅坑里淹死的老母鸡洗干净炖给瞎子先生吃。吃过之后，查家佣人还问他："这只污缸鸡味道好不好？"瞎子先生心里有数，嘴里不讲，心里生气。后来，越来越不像样，有时候，查家人连饭都不让先生吃饱。

查家人没良心，气坏了一个姓吴的书童。这书童良心蛮好，人也蛮聪明，他看到风水先生的日子一日比一日难过，就常常偷点饭食给瞎子先生吃。风水先生很感激这个姓吴的书童。一日，他悄悄对书童讲："我觉得你这个人很不错，我要为你家寻一块好地来葬你祖宗的骨头，保证你吴家也会发起来。可惜我眼睛瞎掉，不过也不要紧，你只要到村口去，用枫树枝颠倒乱插，啥地方生根发芽，啥地方就是块好地，你就把祖坟移到那个地方去。"

姓吴的书童当真暗地里照瞎子先生的话做了，果然看见一块地方插的枫树枝生了根，发了芽，就把自家的祖坟移到那里。从这以后，吴家慢慢兴旺起来，这书童也上京赶考，考中了进士，做了个大官。而那倒插枫树枝的地方，人家就叫它为"倒插枫"，直到现在还是这样叫法。

故事非常生动，加上与真实地名联系在一起，让人以为它是真的。实际上，有关风水先生的存在以及民间请风水先生为自己的葬地作出选择，也正是基于这种似乎是真实的影响。数千年来，由于民间的需要不仅让风水文化源远流长，也使得这种古老而独特的职业一直保存下来了。

二是请风水先生点穴定位。这种情况一般是有族葬墓地或祖传墓地的家庭或家族，他们埋葬死者的基本地方是确定的，但一个地方是否属于风水宝地，起决定作用的是穴。在浙江温州等地的民间相信，穴点正了，风水宝地才会发挥它应有的作用，而如果点错了，则可能无用甚至反其道而行之，造成巨大的伤害，损及葬于此地家族或家人的命运。因此，请风水先生点穴是建坟的必须过程。当然，这同样需要支付一笔费用给风水先生。目前，中国的东南省份，不仅是城市，也包括乡村都在进行殡葬改革。其中除了火化这一形式外，建立公墓是重要的内容。对于居住在农村的人来说，公墓制少了自行选择墓地的烦恼，但同时也少了自行决定选择风水宝地的项目。然而，

价值数万的风水宝地

风水的传统还是讲究的，于是，定穴和朝向就成了农村中寻找风水先生解决文化需要的最主要的方式。即使是在城市的公墓中，这种习俗也得到了保留。

三是自行选择所谓的风水宝地。这主要是家贫无以支付风水先生的报酬者，他们常常根据上述经验和原则，随自己所愿进行选择，或通过神判等方式进行选择。尤其是神判的方式，既符合中国人相信风水的观念，也符合这一神秘文化的特性，具有古朴性和民间性的特点。

这种看似随意选择的方式，在浙江湖州是用棺材杠向前一抛来完成的。"旧时认为坟地风水是关系子孙家运兴衰的大事。风水好，衰败的可以兴旺；反之，兴旺的可以衰败。所以一到坟地必须按风水先生看好的穴位休棺；若是已做好寿坑的，即把棺材送进去；请不起风水先生的，则把棺材抬杠往前

第五章 古代墓葬与墓地

一抛,杠子顶端朝哪个方向就依向放置棺材和建坟"。……与此相似的是绍兴也有几乎同样的习俗,他们叫"扁担相"。

旧时,绍兴百姓对殡葬极为重视。为了选块好的"风水"墓地殡葬先人,往往不惜巨资,不计岁月,聘请"风水"高手,踏遍山山水水,寻找"风水宝地",甚至有先人已亡故十多年而未入土,暂殡于寺庙、殡屋之中者。当然,这是缙绅巨富之家干的蠢事。也有的人家,主人尚在盛年,就早做准备,请"风水先生"踏看福地,建造"寿穴"。

据说,"风水"好的地理条件,大致是前有"照山",后有"戤山",左右有"靠山",所谓前"朱雀",向阳高燥,后"玄武",草兴木茂,左"青龙",右"白虎",虎踞龙盘,土质厚实,必是发祥之地,子孙兴旺,簪缨相继。"风水"先生凭"相盘"(一般称子午盘)勘察地形,掬土以验土质。"青乌之术"倒有不少学问,所以著名的堪舆家,不少是饱学之士,有的还是"两榜出身",官而后"家"者。

从明清到民国时期,平常百姓,只要是请得起"风水"先生之家(风水先生也有上中下之别),殡葬之前也总是要请风水先生"格格相盘",看看葬地是否适宜。唯独贫苦人家,人死了有的甚至连棺材也置办不起,只能用蒲包、草席捆扎成"浑身掉",悄悄地抬运出去,找块近处荒野之地,一埋了之。但穷人也不是愿意世世代代穷下去的,也想求块好风水,使子孙后代翻过身来。然而请不起"风水先生",怎么办?"扁担相"就是由此而形成的一种风俗。

贫穷人家把殓入"薄皮棺材"或扎成"浑身掉"的先人,悄悄地抬到荒山野地,由长子或长孙拿着一根竹制或木制的扁担,面朝先人遗体,先虔诚地叩头行礼并念念有词地祝告:"大人泉下有知,找得风水宝地,有劳扁担公公,指出头东脚西。"祝告罢,就把手中扁担抛向空中,待扁担落地后,在落地处,按扁担的头尾部位,掘土成穴,把先人埋葬下去,然后垒土成丘。

民间习俗认为,风水既然是神秘的,而且是与神秘的力量和影响联系在一起，那么，它必定与神灵有着某种关联，而通过虔诚的和独特的方式，可以让神灵起到独特的作用，因而也就不需要通过风水先生这一中介来完成墓地的选择，这就是神卜型自主选择墓地形成的心理机制。民间相信，如果你的祈求真的发生了作用，那么，如此而获得的墓，将会比风水先生确定的更有实际的效用。

不过，在此，笔者要强调的是，风水是建立在一种中国传统文化对山水、方位等的认知基础上，解释人与自然，尤其是与居处、与死者的墓地关系的不可验证的文化。即使今天，有许多人还试图将之与现代环境科学等联系在一起，可见它那种先验的、与信仰紧密相连的本质，仍是无法回避的。所以，我们应该理性地对待这种习俗。

墓志与墓志铭

在讲墓葬时，就必须讲墓志和墓志铭，其与墓碑或神道碑的形制和作用相近，是刻有死者生卒年月和生平事迹的刻石，所不同者，墓碑立于坟前，是坟墓的标识，所刻文字是供生人观瞻的；而墓志和墓志铭则埋入墓中，如不打开墓，后人是永远看不到的。古人深深地认为，在世俗世界的彼岸一定还有一个"阴曹地府"，一个人死了，只是从世俗世界去了阴曹地府，而这个阴曹地府有许多"鬼"（古人称"人死为鬼"），以及有像世俗社会一样，有统治和管理"鬼"的层层政府机构，所以，这墓志或墓志铭就有一点像俗世迁移户口时一级地方政府开给另一级地方政府的关于迁户口人的介绍信，这当然要写明迁户口人的姓名、生卒年月，以及简历了。

墓志与墓志铭犹如墓碑与神道碑是同一类东西一样，但是二者还是有区分的，因为"志"只是记录、记载的意义，而"铭"还是一种文体的专门术语，三国时曹操的儿子曹丕是一位文学家，他的《典论·论文》中讲："夫文不同而末异，盖奏议宜雅，书论宜理，铭诔尚实，诗赋日丽"。大意是讲，不

第五章 古代墓葬与墓地

墓志铭

同的文章应该使用不同的文体，如写给皇帝的奏章和建议应该写得典雅、文气一点；论文则可以理直气壮，像铭、诔之类的记录文章应该实事求是，而诗歌则可以夸张一点、华丽一点。所以，"墓志"一般只记录死者生平，而"墓志铭"的文末有一段"铭文"，一般使用四字一句的韵文来概括全文，对死者表达赞扬、颂唱、悼念之意。

　　一般认为，墓志产生于东汉，墓志铭则更晚一些，其产生和发展与东汉时壮大的强调神鬼论的道教有密切的关系。早期的墓志多为砖刻，即烧到一定尺寸的方砖，然后将文字刻到砖上，后来才使用石刻。

　　根据后世的古墓发掘作出结论唐墓中的墓志最多，宋墓中的墓志不及唐朝的十分之一，而元朝又仅为宋朝之半。而根据事实情况来讲，到了近代，越是早的古墓保存下来的就越少，显然，墓志在唐朝达到了顶峰，后来就越来越少了，马先生认为唐朝的殡葬很奢侈，后来的殡葬比较简朴，这又是一个讲不通的结论。古代实行土葬,仅用于墓的开支就很大,而做一方墓志的费用也许仅占做墓费用的十分之一,如使用砖材,价格就更低廉了,所以仅根据墓志是不能作出殡葬"奢俭"的判断或结论的,而恰恰是殡葬的风俗在悄悄地发生变化,因为墓志相当于死者到阴曹地府申报户口的介绍信或证明书,后来另一种被叫作"买地券"的殡葬用品替代了墓志,当然后来墓葬中使用的墓志就越来越少了。

墓碑起源于丰碑

不论是文学作品,影视画面和现实生活中,都可以见到坟的前方竖着一块长条状的石碑,上面刻着墓主的名字,有一些更大一点的墓,还会在墓侧单独立一块更大的碑,上面镌刻记叙墓主生平事迹的文字,这些碑均称之"墓碑"。"古者墓而不坟",到了后来,人们担心时间长了找不到自己祖先的墓,就在墓的上面再建一种标识物,那就是坟,而在坟墓上立碑应该是更晚的事了。

许慎《说文解字》:

碑,竖石也。从石,卑声。

这段文字实在太简了——碑是一种竖着的石头。南朝梁王筠《仪礼郑注句读刊误》解释说:

古碑有三用:宫中之碑,识日景也;庙中之碑,以丽牲也;墓所之碑,以下棺也。秦之纪功德也,曰"立石"、

唐朝宫女墓志铭

第五章　古代墓葬与墓地

曰"刻石",其言碑者,汉以后语也。

古代的碑可以分为三个大类,一种是竖在宫里的碑,它是一种原始的时钟,人们可以根据太阳照到碑后留下的投影来判断时间,如《仪礼·聘义》:"东面北上,上当碑南陈。"郑玄注:"宫必有碑,所以识日景,引阴阳也。"另一种是竖在庙里的碑,古代十分重视祭祀活动,尤其是帝王和贵族之家,遇上重大的祭祀,就有数以百计的亲属、臣僚们骑着马或驾着马车从各地赶来,而这种碑相当于后来的"拴马桩",是用来拴牲口的。《礼记·祭仪》:"既入庙门,丽于碑。"孔颖达疏:"君牵牲入庙门,系著中庭碑也。"现在一些古迹中还保留刻有"文武百官到此下马"的石碑,就是古代庙里石碑的遗制;还有一种坟墓上的碑,它是古代下葬棺材用的,至于秦始皇为了歌功颂德曾刻过不少"功德碑",如《史记·秦始皇本纪》:"始皇东行郡县,上邹

古墓碑

峄山。立石，与邹诸儒生议，刻石颂秦德。"这种石碑先秦叫作"刻石"或"立石"，其被叫作"碑"是汉代以后的事。

本篇要讲的就是"墓所之碑，以下棺也"。

墓里的碑大致上分为两个大类，一种是竖在坟前或坟后的碑，称之"墓碑"，孔夫子当年为他的父母做合葬墓时，担心自己是一个整年在外游学的"东西南北人"，怕以后回家找不到父母的墓，于是在墓上封土作坟，作为标识，孔夫子是一个"书呆子"，他如果在墓上竖一块石碑，不是更简便，更明了吗！这种碑大多由死者的子女为死者立的。《礼记·檀弓上》说："生曰父、曰母、曰妻。死曰考、曰妣、曰嫔"。所以，墓碑上尊称父为"先考"、母为"先妣"，中国古代的宗法制为"嫡长子的世袭制"，规定长子是家族的第一继承人，而次子为第二继承人，庶子，即妾所生之子是末位继承人，以前富家往往娶有一妻多妾，也往往是多子女家庭，而立碑人一般就是长子，如长子已去世，则由长孙，如长子去世而又无长孙，则由第二继承人顶位。墓碑长期露置于野外，所以大多使用质地坚硬的花岗石，通常不着色，后来的墓碑文字涂以漆，习惯上使用黑漆，唯姓氏规定用红漆，因为人的名字属于个人的，人死后他的名字也消失，而姓是宗族的符号，它永远与宗族共存。

另一种叫作"神道碑"，一般立于主墓一侧，有的则放在祠堂里，上面镌有记载死者生平事迹的文字。

镇墓兽及其历史流变

镇墓兽是我国古代墓葬中的一种特殊明器。所谓"镇墓"，就是以某种神兽来降伏侵入、干扰墓主灵魂的恶鬼和妖怪，以保佑墓主神灵的安全。它是一种人、兽、鸟三者相结合的怪物，具有神奇的魔力。

古人为什么在墓葬中置镇墓兽？这跟古人强烈的灵魂观念和孝道观念有密切的关系。古人普遍认为，人死后要变成鬼，人的灵魂要在另一个阴间世

第五章 古代墓葬与墓地

界里生活，在那里衣食住行。在阴间世界里，除了祖先、亲人的灵魂以外，也存在各种各样的恶鬼、饿鬼、怪兽，它们是一种恶势力，往往要弱肉强食，侵犯、欺负刚入阴间世界的亲人灵魂。如果亲人的灵魂得不到保护和安宁，那么，他就会作祟于生者，便不会保佑生者。一方面为了使亲人保佑自己和后代，另一方面也是出于"孝"心，出于对死去亲人的缅怀和思念，希望亲人的灵魂在阴间能够过上安宁的生活。所以，古人一方面努力祭鬼祭祖，另一方面要努力帮助死者在阴

汉代镇墓兽

间抵御各种恶势力的侵犯，于是想象出一种具有神奇魔力、能征服妖魔鬼怪的东西——镇墓兽。认为在墓中放置镇墓兽，便可以阻挡恶势力对墓主灵魂的骚扰，可以确保墓主灵魂的安宁。

从考古材料看，早在春秋战国时期，古人已有了镇墓的观念并在墓中放置镇墓兽。这一时期的镇墓兽主要流行于楚国的江陵地区，其共同特征是：下有方座，中有躯干，上有头部，顶上插鹿角。战国早期，镇墓兽仅具雏形，形制简单，面部无器官，直颈直身，方座梯形面较多。战国中期，形制变得复杂，有单头，也有双头；虎形头，五官俱全，面目狰狞；屈颈屈身，多为直立无肢。战国晚期，镇墓兽形制更为复杂，有的直颈直身，面部和善；有的仍然面部狰狞。从战国早期到战国晚期，楚地镇墓兽的流变规律是：由头面雏形变为虎首虎面，虎为兽中之王，用于镇墓，意在神圣不可侵犯；由直颈直身变为屈颈屈身，身由直立无肢变为跪式四肢俱全。

春秋战国以后，墓葬中置镇墓兽的习俗开始从楚地向全国各地辐射并流

墓室内部也要讲求风水

行，久盛不衰，一直延续到宋明，始终是我国古代随葬明器的一个重要组成部分。

两汉时期，墓葬中大量出现一种新的镇墓兽——独角兽，遍布全国各地。这种独角兽形镇墓兽非常接近古代神话传说中的"獬豸"。由于镇墓兽是一种人们想象中的神兽，而不是某种现实中的野兽，再加上各地的传说不尽相同，所以，独角兽的形象便会因不同地区不同民族的想象而有变动，在造型上保持各地的特色。如酒泉、武威等地出土的汉代镇墓兽往往是羊形细腿、尾巴高翘状的独角兽；陕西出土的汉代镇墓兽多为牛形体硕、腿短而粗、尾巴短小下垂的独角兽。作为镇墓兽，它在墓中的位置都在墓道口，独角向外，似乎在抵挡鬼魅的侵犯，以及在向墓主人表示它的耿耿忠心。

第五章　古代墓葬与墓地

到了西晋时，独角兽的身躯更为粗短，一个明显的变化就是在脊背上开始出现竖立的三束鬃毛，头仍下垂，保持着短角抵触之势；尾巴上翘较长，前腿两侧刻有翅纹，这或许是受到墓前石兽中"辟邪""天禄"的影响。

魏晋南北朝时期，社会动荡，战事纷繁，百姓生活在水深火热之中，精神上需要找一个依托；而统治者也希望用一种比较"和平"的方式管理百姓。于是，佛教得到了相当大的发展。随着佛教的大发展和诸如佛祖、菩萨、天王等形象的日益具像化，中国人的来世观有了较大发展，死后世界也在这一时期建立并不断完善。灵魂不灭、因果报应、鬼神显灵、肉体飞升等佛教观念成为极其普遍的社会心理和社会意识。因此，虽然这一时期并不盛行厚葬之风，但是，镇墓兽却得到了较大的发展。这一时期镇墓兽因为受到狮子造型的强有力的影响而发生了十分重要的演变。狮子产生于西域，在佛经教义中，狮子是以护法的地位存在的。正因为这个原因，狮子才得以成为陵墓前，石窟中驱魔避邪护法的神兽，并极大地影响了东汉以来镇墓兽的形象。

在这种情形下，狮形镇墓兽在北魏开始出现并迅速广泛地流行起来。比如洛阳元邵墓的镇墓兽，除去它背脊上三束高耸的鬃毛还留有的西晋痕迹外，其形象上的蹲立、挺胸、张口、尾巴贴身而翘，颈部鬃毛刻画及飞翅的卷满纹，都显示出了一种狮形对独角兽形最终取代的趋势。又如河北磁县东陈村东魏一号墓的镇墓兽，兽头又被加上了一个冲天戟，或许将之作为独角兽的一个变形。而同时期的南朝或西魏、北周出土的镇墓兽变化却比较的不明显，在不同程度上仍保持着西晋镇墓兽的变形样式。至于北朝镇墓兽的另外一个极为重要的时代特征，就是兽面与人面的分设，这也是一个十分有趣的现象，联想起楚地的"虎座飞鸟"和"兽面食蛇"，这或许意味着镇墓兽的又一次向人形方向的转化。

隋唐时期，佛道二教都很盛行，人们笃信灵魂不灭，相信鬼神存在，并形成对佛道二教的菩萨和神仙崇奉膜拜，及对鬼神的畏惧。同时，由于有强大的物质财富做后盾，厚葬之风盛行，体现在镇墓兽上，是其形制的更加丰富多采和艺术上的日臻完善。不过，到了晚唐，随着国力的衰弱，镇墓兽的发展也从巅峰走下坡路。

具体地讲，隋唐时期镇墓兽大概经过了这样的演变过程：隋朝与初唐的镇墓兽，基本上延续了北齐的形制：一为人面，一为兽面。两者都是兽身、蹲坐、蹄足。高宗时候的镇墓兽，发生了一些细致的变化，即往往在兽的肩部塑出几根短而壮的鬃毛，武则天时期，镇墓兽的变化比较大，主要有两类：一类形制为蹲坐、兽蹄、长毛耸立，肩附双翼，看起来十分凶猛；另一类则为人首兽身，但人头之上有角，握蛇，爪类似足。到了玄宗时期，即唐的全盛时期，镇墓兽在其气度上和丰富多样上都达到了顶峰，但总的来讲，还是在这两类的基础上，一类头有角，肩生翼，蹲坐，兽角；另一类面目狰狞，长毛直竖，四肢舞动，手握蛇，脚踏怪兽（有点像天王）。显然，与前一阶段相比，形态上又有了较大的发展。一般来说，玄宗时的镇墓兽往往台座加高，整个高度也随之而增高；在装饰上，人面镇墓兽通常是双角直立高耸；兽面镇墓兽则是双角如弯弓，两翼展开，且前足上附有鬃毛；镇墓兽不再蹲坐，而是人立，一足下踏小鬼，肩臂上缕缕鬃毛与头上的旋角一齐往上翘，如同火焰一般，同这一时期的天王俑相比较，可以明显看出这种全身动态的造型。天宝以后，随着大唐帝国因内耗而导致的国力日渐衰微，丰富多采的镇墓兽制作也呈出颓态，

唐代镇墓兽

走上下坡路。一个明显的例子是，德宗以后的镇墓兽仅见相貌狰狞、手握蛇者，且制作简单草率，造型呆板而过于肥胖臃肿。

总的来说，隋唐的镇墓兽造型舒展形式多样、色彩活泼，虽面部是瞪目咧嘴，但给人的并非是恐怖感，而是一种艺术的美感，或许连鬼魅也不会对之畏惧。

但在唐以后，墓葬中的镇墓兽锐减，究其原因，顾永峰在他的《镇墓俑兽形制演变析》中是这样说的"宋以后的墓葬中镇墓兽的出土剧减……推及原因，一是由于木俑的使用，朽烂不易存留，二是由于唐以后出现的各类墓龙、仪鱼、观凤鸟及一些暂时叫不出名称的随葬的类型的增加……"他认为，主要的是因为其他一些可能在数量上、位置上和功能上对镇墓兽有挤兑作用的明器，进一步促使了镇墓兽的衰退。但笔者认为，造成镇墓兽衰退的最重要的原因是观念的改变，考察这一现象，还是必须将镇墓兽纳入明器之中。

我们知道，唐朝盛行厚葬之风，且多以此攀比显富，因此，作为攀比的一个重要手段，明器之多少、之优劣也为人们所重视，镇墓兽作为明器之一也因此而得到了空前的发展。但是唐以后厚葬之风渐减，人们对明器的关注程度也不如从前。宋赵颜卫《云麓漫钞》说："古之明器，神明之器也。今以纸为之，谓之明器，钱日冥财；冥之为言，本于《汉武绝》用冥羊马，不若用明字为近古。"同时人们更将注意力转到墓外的石兽和石人之上。可见，镇墓兽衰败的最重要原因不在其他，而在于自唐以后，它在丧葬礼制上逐渐失去了往日的主要位置。

至于唐以后厚葬之风大减，其原因不外乎三个方面：一是影响汉文化较深乃至一度压倒汉文化的金、辽、蒙、女真各族，并无厚葬之风；二是唐后各朝，国力不如唐时之强盛；三是宋明两代虽为汉人统治，但一来北方少数民族压力仍在，二来逐渐认识到厚葬之弊端，甚至隐约察觉到了灵魂说的欺骗性。所以，薄葬的兴起，虽然对镇墓兽的发展不只是一个大的打击，甚至是一个扼杀。但我们的祖先能以一种更务实的态度对待死亡与丧葬，这不能

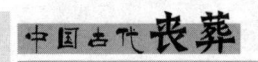

不说是种进步。

至此，我们基本上可以勾画出镇墓兽的历史流变：（1）东汉之前，是楚文化区镇墓兽相对独立的发展阶段。（2）从东汉到西晋，基本上处在独角兽和"獬豸"影响之下，发展十分缓慢。（3）北朝、隋和初唐，由于狮子的巨大影响，从独角兽类型过渡到狮子类型，并在狮子类型的基础上继续发展。而且镇墓兽的演变起了微妙的变化，一方面向高大狮形发展，另一方面又像是要步楚文化区的后尘，走向人形过渡之路。（4）中唐是镇墓兽发展的全盛时期。（5）中唐以后是衰败期，镇墓兽日趋平庸，以致消失。

纵观镇墓兽历史流变的整个过程，我们可以清楚地看到镇墓兽的大发展，往往处于厚葬高潮期，例如东汉和中唐。这种时期，国家统一，物质基础丰厚，意识高度发展，民间巫术、宗教蓬勃兴起。人们生活在这样一种相对理想的社会中，很乐意将生前的生活带到死后，并且希望有一种具有非凡力量的神或兽保卫自己死后的安宁和保佑子孙的世代兴盛，即起到所谓"佑人避邪"的功用。当我们将各种各类型的镇墓兽放在一起时，我们将发现一个共同的特点，即它们的形状、类别特征都很狰狞、恐怖。这正是与镇墓兽驱赶鬼魅和抵制各种邪恶势力的入侵、保护死者安宁的功能联系在一起的，可算"以恶克恶"吧。

事死如生的墓葬明器

明器，也被称为"冥器"或"盟器"。在中国古代"灵魂不灭"观念体系中，"冥"指阴界，而"冥器"就是在阴界所使用的器物。《释名·释丧制》曰："送死之器曰明器，神明之器异于人也。"《盐铁论·散不足篇》则认为明器是"有形无实"的"送死之器"。总而言之，凡是有形无实、仿实用器而制的或以实用器的形式存在，但仅供"送死"的随葬物品都属于明器。

明器的出现是有其必然性的，生者以有形无实的器物为死者随葬，归根结底是反映了其深刻的灵魂观念,人们认为灵魂是独立于形骸而存在的,它是永生不灭的。

中国古代明器的使用最早可以追溯到旧石器时代晚期。考古工作者们在距今1.8万年的北京周口店龙骨山的山顶洞人墓葬遗址中,曾发现在一女性头骨外面,有七颗制作精细且被赤铁粉染成红色的美丽的小石珠。这些小石珠显然是当时颇为流行的一种装饰品。

及至新石器时代,明器在墓葬中的使用变得更为普遍,与此同时,明器的种类也日趋多样化。除了常见的装饰品外,生产工具、饮食器、生活用具甚至谷物与家畜均出现于这一时期的墓葬中。值得注意的是,在这一时期,不同墓葬中的明器无论是在数量上还是在质量上均已出现了显著的差距。例如,在山东大汶口文化墓葬群遗址中,一些较大的墓葬里出土的随葬明器在数量上最多可达180余件,包括玉璧、玉铲、指环、象牙梳、雕花象牙筒……这些明器在制作上是极其精美的。而与之形成鲜明对照的是,在一些小型墓葬中出土的仅有一两件做工十分粗劣的明器,如粗陶器、石器或獐牙,在有的墓葬中甚至没有随葬的明器。可见,随着生产力水平的发展,当时已出现了明显的贫富差距,而我们设想假若人们所构造的那个阴间世界确实存在,那么这一差距一定同样存在于那个世界之中。除此之外,这一时期墓葬遗址中的明器还显现出一个特点即明器所属的种类因性别而异。例如,男子的墓葬多陈以石制的刀、斧、铲,而在女子的墓葬中则代之以石制或陶制的纺轮。可见,我们的祖先确实是尽其所能地要把那存在于冥冥之中的世界缔造成一方男耕女织、其乐融融的乐土。而且,他们始终认为,凡阳界所有的一切也理应存在于阴界之中。

到了夏商时期,中国开始从原始社会进入奴隶社会。而在这一时期,随着生产力水平的进一步发展以及等级制度的形成与确立,中国的明器制度也开始形成。或者,从某种意义上来讲,明器制度也可被看作是等级制度的一个不可或缺的组成部分。这一时期随葬明器中,出现了青铜明器。尤其是到

久远的墓葬陶器

了商代，墓葬中的青铜礼器的数量已经相当可观，例如，河南安阳殷墟妇好墓中曾出土了多达400余件的青铜器。与此同时，考古资料还表明，商代已形成了一套严格的用鼎制度，即在墓葬中以作为明器随葬的鼎的数量来表明墓主地位的尊卑，这一用鼎制度是西周著名的"列鼎制度"的滥觞。除此之外，通过一系列的殷商考古发掘资料，我们还发现了一个有趣的现象：在商代墓葬所陈列的明器中，青铜酒器大都被置于椁内，而与此形成鲜明对照的是，烹饪食器往往被置于椁外。考古学常识告诉我们，椁内近棺，椁外远棺，随葬明器在墓葬中陈列的位置距离墓主的远近正是代表了墓主生前对不同器物的不同喜好程度。换言之，距其越近，则表示其生前越喜之。这种现象与历史资料的记载是相符的。据考证，殷商时期造酒业十分发达，而殷人嗜酒之烈，因酒亡国，在历史上也是十分罕见的。由此可见，明器虽为供死者在阴间所使用的随葬品，但其归根到底仍然是人类改造客观世界的产物，是历史上特定时代、地区、文化背景、社会形态以及生活习俗所形成的人们的意识形态的间接反映。

如果说商人因好酒而亡国，那么，西周统治者无疑是从中深深地吸取了教训，以免重蹈覆辙。考古资料显示，及至西周时期，尤其是西周中期，墓葬中作为明器随葬的酒器相对于饪食器而言，明显地减少了数量。与此同时，始于商代的用鼎制度在这一时期已被进一步地规范化，于是，中国历史上著名的"列鼎制度"于此时正式形成。据《周礼》中记载，这套列鼎制度极其森严，墓葬中所陈列鼎的数量的多少代表的是不同墓主身份与地位的高低。一般情况下，当时的"列鼎"大致可分为以下五等：九鼎（天子）、七鼎（诸侯）、五鼎（大夫）、三鼎（士）、一鼎（平民）。

在春秋时期（尤其是春秋中期以后）的墓葬遗址中，考古工作者发现平民阶级也僭越礼制，以鼎作为明器随葬。从某种意义上来讲，明器在这一时期似乎已成为这些处于平民阶级但自身具有一定经济实力的墓主力求跻身上层社会的工具。

到了战国时期，由于奴隶制的衰落以及封建制的产生，传统的明器制度受到了更为严重的破坏。而墓葬中的明器就其种类而言，也发生了很大的变化。除礼器外，乐器、武器、工具、玉石器、服饰在这一时期的墓葬中均有发现。如1978年夏，考古工作者在湖北省随县（今随州市）近郊发掘的著名的战国曾侯乙墓中，曾出土了1.5万余件不同种类的精美器物，其中又以65件青铜编钟为上。这些编钟体形庞大，铸造精良，且能发音并演奏各种现代乐曲，在世界考古史上堪称一大奇迹。

秦是我国第一个统一的、中央集权的封建国家。因此，这一时期的明器较之在其以前各个朝代所出现的明器，具有其独特的风格。其中尤以墓葬中出现的大量反映日常生活的模拟明器为典型代表，如陶制的牛、车、釜、灶、缶、盆等。与此同时，一套新型的明器制度也开始产生。

至两汉时期，新的明器制度逐渐形成。东汉时期的随葬明器多以专为随葬而制的器物为主，较珍贵的铜、漆器渐渐减少。

魏晋南北朝时期的明器制度带有浓郁的少数民族的文化特点，但从直观上来看，明器中除瓷器的比例有所增加外，似乎没有别的改观。

直至唐宋，中国的明器制度才以法律的形式被完善与定型。唐统治者规定：三品以上，明器九十事；五品以上，明器六十事；九品以上，明器四十事。以上明器并用瓦木为之，四神不得过一尺，人物不得过七寸。庶人，明器十五事，不置四神十二时，所得明器，用瓦，不得过七寸。张景义在其《秘葬经》"盟器神煞"篇中，也曾详细记载了天子、亲王、公侯、卿相及大夫以下至庶人墓葬中所使用明器的名称、尺寸、位置及排列方位图。宋代统治阶级规定：勋戚大臣无定数，一品90件，五品及六品30件，七品20件，庶人1件。

到了元明清时期，社会上开始风行纸质和木质的明器。而与此同时，森严的明器等级制度也随着西方先进科学技术的传入以及社会的发展与人们观念的改变而逐步瓦解。清代规定："明器从倍。"而及至民国，已"未有明器"。

形形色色的墓葬明器

纵观中国明器的形成与发展史，发现其几乎贯穿中国几千年的文明发展史中。而各朝明器之种类、数量、制作、工艺，无一不令人叹为观止。古往今来，明器也由不同的依据被划分为不同的种类，所谓"陈器之道"。

据《礼器·丧服小记》第十五记载可知，当时的明器依其来源可分为两类：一类受赠于友人与宾客，陈列时以多为荣，但入墓时有一定数，不可尽纳，即"多陈之而省纳之"；另一类为主人自作，当"省陈之而尽纳之"。

若依其内容，明器也可被分两类：一类为实用性明器，如碗碟、壶罐、衣物、鞋帽、车等。"明器，刻木为车马、仆从、侍女、各持奉养之物，像平生而小"。另一类为象征性明器，造型多为聚宝盆与摇钱树，这显然是生者希望死者在冥界中能有享用不尽的荣华富贵。

在这形形色色、多种多样的明器中，可归纳出这样几种最具代表性的典型明器：

1. 俑

俑是中国古代丧葬中用以随葬的偶人。它作为一种随葬的明器，最初源于商周，它是由人殉制度演变而来的，而以俑代替人来殉葬，标志着中华文明随着社会生产力发展的进一步成熟与完善。最早的俑是以茅草束成的，称为"刍灵"。及至春秋战国，以俑殉葬的习俗已广为流行。两汉时，以俑殉葬已完全代替了人殉，人殉作为一种制度已不复存在。秦代的俑是我国古代墓葬俑的代表作。若你有幸去参观位于今陕西省临潼县的秦俑博物馆，一定会发现自己犹置于一个地下军事博物馆。到了唐代，由于社会生产力的进一步发展以及对外交流的加强，随葬俑中出现了弹琴吟唱的歌舞胡俑，而数量众多的三彩俑和乐俑，也是唐代繁荣的经济社会面貌的一个体现。到了宋代，由于纸明器开始流行，因此俑作为随葬明器，数量开始减少。但此时，受风水思想的影响，出现了一些新形象的俑，如人首鱼身的"仪鱼"、蛇体双人首的"墓龙"等。直到元明、清时期，以纸人、纸马、纸房子为代表的一批纸制明器才完全代替了俑。

2. 买地券与纸钱

买地券与纸钱均是中国古代货币经济体现于墓葬中随葬明器的一种形式。

买地券是置于墓葬中供阴间使用的地契，用以向阴间的冥吏及周围的墓主展示死者对墓地的土地所有权。最早流行于东汉时期。当时的买地券大多

冥币

被刻于铅板之上，也有用玉板或陶柱的。东汉以后的买地券多刻于砖石之上，形制的大小与墓志相似，在墓葬中多被置于墓室或甬道及近墓门之处。

纸钱，又称"冥币"，是指流通于阴间的货币。纸钱最早起源于汉，盛行于六朝以后，一般可分为两类：一类是用纸剪成铜钱的形状或将钱币的形状印于纸上；另一类是用锡纸制成的元宝状"锡箔"。两者被送入阴间的途径均要焚烧。还有一种附带产生的"买路钱"，是抛撒在送葬途中向挡道野鬼"买道"的。

纸钱在所有明器中应该说是最经久不衰的一种。直至今日，一些地区仍保留着清明时焚烧纸钱的习俗，仿造钞票式样印制的"冥钞"也有出售。

3. 铜镜

铜镜是一种非常特殊的随葬明器。铜镜的用途是让死者破除黑暗，在地

第五章 古代墓葬与墓地

下重见光明。在陕西省的一些宋金墓葬中，铜镜多悬于墓室顶部正中，以照亮整个墓室。也有学者认为铜镜的随葬是为了驱邪，以防"尸气复动"。

从大量的考古实地发掘资料以及中国古代的历史文献资料中可以发现，明器作为一种墓葬中的随葬品，已形成了一种独特的现象，可以称为"明器文化"。而这种明器文化归根结底仍是特定历史时期特定阶段的意识形态的总体反映。其中最主要的是中国文化中"灵魂不灭"的观念。

"灵魂不灭"观认为，人死后灵魂会游离于形骸之外，但仍能干预人事，并且对生人所生活的现实世界具有一种超能力因而能福满生人。灵魂观念孕育了中国独特的丧葬文化，各种各样的明器陈列与丧葬仪式都体现了人们对"灵魂不灭"这一观念的执着信仰。而人在死后能够获得一种在生前所不具有的特殊能力，这一观念又为灵魂观念蒙上了一层神秘的面纱。

在中国，厚葬隆丧几乎延续了数千年。虽然自先秦的墨家学派提倡"节葬"的主张以来，后代也有一些帝王倡导薄葬，但这终究并非丧葬文化中的主流，大多数帝王几乎从一登基或建朝之始便着手兴建他们的陵墓，直至其驾崩。在历史上一些厚葬期中（如商、秦汉、唐等），墓葬中能陈列的明器数量之多、制体之精美，无不令人惊叹。

除了灵魂观念以外，儒家所倡导的"孝"的观念也是明器文化得以产生并蓬勃发展的原因之一。

作为统治中国几千年封建社会传统道德文化体系的思想，儒家所倡导的一套伦理道德观念对当时的整个社会而言，其影响不可忽视。在《礼仪》、《礼记》及至后来的《朱子语类》等儒家经典中，均有如何处理丧葬问题的专门篇章。

可见，虽然明器是人们凭空构想的"冥器"，但它所折射出的却是一定时代、一定历史背景下人类群体的生活方式、伦理观念、宗教信仰及民族意识。相对于生者所居住的"阳界"而言，死者的灵魂将迁入另一个社会，在那里，依然存在衣食住行。而这阴间社会的一切自然也是按照在世者们的主观意念所缔造的一个世界。"凡人所用明器，无不可为从葬之器云"（杨树达《汉代婚丧礼俗考》），人们对于逝者的一片缅怀以及对于存在于冥冥之中的神鬼的敬畏之心，使得他们"事死如生"，希望逝者在冥界也可以过着如同阳间一般美好的生活。

中国古代明器以最初的实用器物到后来的"有形无实之器"，直至最终退出历史舞台，如实反映了中国社会生产力的逐步发展以及中华民族精神文化的衍变过程。

历代墓葬棺椁制度流变

棺椁即埋葬死者的葬具。在中国的古代时期，棺和椁是有很大区别的，"棺"是殓尸的用具；而"椁"是套在棺外面的或绕棺四周的匣子。棺椁都是埋葬死者的用具，用它们来盛尸体。另外，棺椁作为埋葬死者的用具与历史发展密不可分。

远古进代，人死后并不用棺椁，直到后来，随着墓葬制度的发展而逐渐产生的。即所谓"古之葬者，衣之以薪，藏之中野，后世圣人易之以棺椁。棺椁之造，自黄帝始"。说黄帝始造棺椁这是汉人的比附。根据考古资料证实，我国新石器时代墓葬中就已开始用棺椁，而且棺的产生比椁还要早，而在此之前，死者都是直接埋入土中，不用殓尸的棺。

目前发现时代较早的棺具多为石制或陶制而成。如江苏连云港市灌云县大伊山遗址发现的距今6000年左右的石棺墓，是用天然石片制成，用石板嵌入墓坑作棺壁，再在棺壁上覆盖石片作棺盖；距今约5000—6000年的仰韶文化时期的瓮棺葬，系用陶瓮、陶钵、陶盆等作儿童的葬具；在辽宁红山文化墓地、甘肃半山文化墓地以及江苏吴县草鞋山崧泽文化墓地等新石器时代墓中均发现石棺墓，除石棺、陶制棺外，新石器时代也出现了木棺墓和树皮棺墓。木棺墓系由木头加工成板材，再用板材搭接成长方形箱式的葬具。现知

第五章　古代墓葬与墓地

最早的木棺墓是西安仰韶文化半坡墓地出现的木棺墓。青海马家窑文化墓地也流行木棺墓，甘肃齐家文化墓地发现用一段独木挖空而成的独木棺。江苏南通吉家屯新石器时代遗址中发现别具特色的树皮棺，是由树皮镶接成规则的棺具。

木椁、石椁在新石器时代也已出现。山东大汶口文化后期墓葬中，墓坑沿四壁用木材垒筑，上面又用木材铺盖，构成木椁。陕西华县元君庙仰韶文化第458号老年男性墓，在长方形土坑墓内的四周二层台上，堆放三至四层砾石，形成早期石椁。此后，河南和山东的龙山文化、内蒙和辽宁的夏家店文化、青海的马家窑文化墓葬中都出现了木椁、石椁墓。

古墓的棺椁

新石器时代棺、椁的使用为夏商周时期棺椁制度的发展奠定了基础。

夏代已开始使用髹漆的木棺葬具。河南偃师二里头遗址已出现这类木棺葬具，并成为墓葬中葬具发展的主要方向。

商代前中期，木质葬具获得空前的普及和发展。郑州二里岗为代表的商代早中期墓葬中，中、大型墓通常是棺、椁并用，绝大部分小型墓也都有木棺。以安阳殷墟文化为代表的商代晚期墓葬，除属于奴隶、战俘的坑葬、祭祀墓外，都毫无例外地使用木棺或椁，且多经髹漆，漆色主要有红、黄、白等。中大型墓多见以椁代棺，且椁室十分讲究，椁室依墓室形状而呈亚字形、中字形、甲字形和长方形。也有椁、棺并用，如著名殷墟妇好墓就是同时使用木棺加椁作为葬具的。

西周时期的墓葬，凡是属于奴隶主贵族阶层的大型和中型坟墓，都流行棺、椁并用的习俗。如果是特别讲究的话，则会出现重棺、重椁或椁中分室的现象。曾经有考古工作者考在陕西宝鸡茹家庄一号西周墓中，发现墓室的中央有木椁，木椁分为甲、乙两室，甲室内置一木棺，乙室内有内外重椁。而西周时期小型墓中讲究者也是棺、椁并用。然而，通常来说，小型墓有木棺而无木椁。另外，西周时期木棺、椁通常染红漆。

西周在木棺、椁的使用上有严格的等级化和制度化的倾向。即所谓"天子棺椁七重，诸侯五重，大夫三重，士再重"。根据考古发掘调查表明有些大型墓和中型墓，确有在椁室内放置双重棺的情况。

春秋战国时期的棺椁，仍然存在着严格的等级制度。不仅对棺椁的使用重数做了具体的规定，而且对棺椁的大小、色彩等也有严格的规定。《礼记·檀弓上》和《礼记·丧大记》记载："天子棺椁四重，诸侯三重，大夫二重，士一重"。装天子尸身的棺以水牛革蒙在棺木四周，叫"革棺"；第二重叫梡，用椴木制成；最外面的两重都用梓木，内层称属，外层叫大棺。"君大棺八寸，属六寸，椑四寸。上大夫大棺八寸，属六寸。下大夫大棺六寸，属四寸。士棺六寸"，"君松椁，大夫柏椁，士杂木椁。棺椁之间，君容柷，大夫容壶，士容无瓦。"此后历代丧制所定的"棺椁"基本上按照这个标准而定。考古发掘证实，这一时期诸侯贵族的大墓，多用多重棺椁。如湖南湘乡牛形山发现的楚墓，棺椁多达五重；湖北随县曾侯墓，椁室宏大，分隔为四个部分，棺为双重木棺，都髹漆施彩绘；河北中山县中山国王墓，使用一椁四棺，即石砌椁室一重，内有木质葬具四层，它们与文献记载基本符合。春秋战国时期，棺椁的制造越来越考究，不仅制作精良，且上面绘有彩绘。

棺椁制度发展到西汉已日趋完备。汉代帝陵因尚未发掘情况不得而知，但诸侯王墓已发掘一批，证实基本上是一椁三棺。如长沙发现的长沙王妻子曹墓、长沙马王堆西汉第二代轪大侯墓、长沙象鼻嘴某长沙王墓、北京大葆台汉墓等都是如此。

两汉时期对棺椁的制作十分考究，等级差别也极为明显。诸侯王、公主、贵人都用楠木、梓木作棺椁，普通百姓一般用桐、杉，甚至用杂木，极贫困

第五章　古代墓葬与墓地

奢华的地下墓室

者用瓦棺。王侯贵族的棺饰极其精致复杂，有朱棺画棺、黑漆棺等多种。河北满城中山靖王刘胜妻子窦绾所用的漆棺外镶嵌着26块玉璧，内壁镶满玉版片，共用玉版片192片。长沙马王堆一号汉墓用四层套棺，外棺为黑漆素棺；二层棺是黑地彩绘棺，彩绘复杂的云气纹，以及穿插其间的众多神怪、禽兽图像；三层棺为朱地彩绘棺，彩绘龙、虎、朱雀、仙人等祥瑞图像；内棺内髹朱漆、外髹黑漆，再饰以绒圈锦和羽毛贴花绢，可谓极尽工巧。

对于皇室成员和高官勋臣，常常能得到皇帝梓宫、便房和黄肠题凑棺具。所谓"黄肠"，是指制椁的木料全部采用柏木的姜黄色木心；所谓"题凑"，是指制椁时，将黄色柏木心端头都朝向内方。这种椁只有天子能用，当然极为名贵，但汉代皇帝也往往把它作为一种特别的恩赐，赏给死去的皇族勋臣，以示特别优待和荣宠。如汉代高官勋臣霍光、董贤等曾被赐以"黄肠题凑"棺具。1974年6月在北京丰台大葆台发现的汉代广阳顷王刘建之墓，完全按皇帝规格修建，五重棺木之外，是极为考究的木椁玄宫——黄肠题凑。

汉代十分重视棺椁的制造，在皇室之内专门设立制造棺椁的机构，负责皇帝棺椁木材的采集和棺椁的制造加工。京师贵戚的棺椁一般都用南方的楠、梓木做成，而楠木、梓木生长于南方的深山崇岭之中。为了得到这种木材，不惜劳民伤财，役使百姓深入深山穷谷，跋涉艰难险阻砍伐棺椁之用的楠木、梓木，不远千里远到京师，精工细雕做成所谓的"梓宫""便房""黄肠题凑"棺椁。一套棺椁的制造耗资巨大，这也是汉代厚葬在棺椁上的反映！

西汉时期以后，砖室墓和石室墓开始出现，椁室开始由空心砖和画像砖堆筑而成，墓室本身就成了椁，称为"砖椁"或"石椁"，从而开始取代传统的土坑木椁墓的地位，使原先的棺椁制度迅速由盛走向衰弱。

魏晋南北朝时期，贵族官僚的墓一般为砖室墓。砖室替代了过去的椁，砖室由砖雕砌而成，模仿地面上的木构建筑。

唐代棺椁制度的最大特点是椁室主要为石室、砖室所取代，但也有用石椁、石棺作葬具的。经考古发掘而知的尉迟敬德墓、郑仁泰墓、永泰公主墓、懿德太子墓、章怀太子墓、淮阳王墓、虢国公杨思勖墓等都是石椁墓；荆州刺史张士贵墓、明威将军高元圭墓等系由石棺作葬具。此外，唐代吐鲁番地区还有纸棺；佛教埋舍利时使用金棺银椁也很有特色。

宋代承袭唐代，椁室仍以砖室和石室为主，所不同的是墓室（椁室）仿木建筑发展起来，平面从方形、圆形发展到多角形；从单室到前后形室；从简单的一斗三升托替木发展到五铺作重拱；从普通窗发展到雕花格子门……墓室越来越朝仿木建筑化发展，即所谓的"皇堂"。

到了明清，椁室的发展达到了高潮，尤其是帝王的墓室发展成地下宫殿，1970年发掘的四川成都明蜀王世子朱悦廉墓，规模宏大，装饰华丽。整个墓室由三个砖筑纵列式筒拱券组成，全长33米，包括墓室大门、前庭、二门、正庭、正殿、中庭、圜殿、后殿以及左右两厢和耳室，模拟当时王府宫殿建筑，浑如地下宫殿。北京明神宗定陵金丝楠木棺和地下宫殿更是精致无比。对庶人用棺，明代规定只能用油杉、柏木、松木，只能用黑漆、金漆，不能用朱红。

我国古代的棺椁制度，从最初的原始的殓尸葬具，到商周的多重棺椁，到汉代的精致彩棺和"黄肠题凑"，唐代的石室、石棺、石椁，宋代的仿木建筑"皇堂"，发展到明清，帝王的墓室（椁室）成了罕见的、宏丽无比的"地下宫殿"和金丝楠木棺，经历了一个漫长的历史发展过程。

知识链接

祭吴凤

台湾泰雅人祭吴凤的习俗是根据一个历史故事传下来的。据说，古时候阿里山人有猎取他族人的首级祭神的习俗，称为"馘首"。年年有无辜人被杀，使各族间的仇恨越结越深。清康熙六十一年（1722年），有位叫吴凤的人到阿里山任通事。他见"馘首"习俗残酷，下决心除掉这种恶习。他开始劝人们不要再杀活人，可以用存留的原来猎来的他族人的头骨代替，阿里山的泰雅人敬重吴凤，就改用了这种方法。可是，这种人的头骨只有40个，40年后头骨用完，泰雅人又要去猎取他族人的头为祭品。吴凤百般劝阻无效，便横下一条心说："好吧，明天有个穿红衣戴红帽的人从此走过，你们可以取他的首级献祭。"泰雅人第二天照此办理，将穿红衣戴红帽的人射死了。他们去取人头时，才发现此人竟是吴凤，泰雅人十分悲痛。吴凤用自己的死终于感化了泰雅人，他们发誓从此废除"馘首"的陋习，

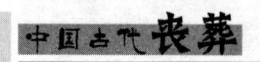

并在吴凤居住的地方（达常村）修建了一座吴凤庙，定期祭祀他。他们在祭祀的头三天斋戒沐浴，准备祭品。祭祀时，在祭台上供上酒、肉等祭品，大家都穿上红衣黑裤，戴上各种胸饰，各村社人聚集庙前，举行安神等仪式。庙前有一株大树，几十个人才能围抱过来，传说是建吴凤庙时人们栽下的，因此他们称之为"神树"。这株大树，平时谁都不许触摸，只有在祭吴凤时，才允许折下树枝，献在吴凤的灵前。

历代盗墓纵横谈

历史上有记载的最早的被盗之墓是商汤冢。《垄上记》载：北魏天赐年间，河东人张恩盗掘汤王墓，仅得到些古钟磬。心觉无用，于是全部投入河中。

商代名臣比干墓，被北宋时陕西转运使李朝孺所盗。从墓中盗出直径二尺多长的铜盘、长三寸多的玉片等物。

周幽王墓被西汉时广川王刘去疾盗掘。据《西京杂记》载：冢"甚高壮，羡门既开，皆是石垩，拨除丈余深，乃得云母，深尺余，见百余尸，纵横相枕藉，皆不朽，惟一男子，余皆女子，或坐或卧，亦犹有立者。衣服形色，不异生人"。

春秋战国时期，盗墓出现了一个高潮。《吕氏春秋·孟冬纪·安死》载："今有人于此，为石铭置之垄上，曰：'此其中之物，具珠玉玩好财物宝器甚多，不可不抇，抇之必大富，世世乘车食肉。'人必相与笑之，以为大惑。世之厚葬也有似与此。自古及今，未有不亡之国也；是无不扫之墓也……是故大墓无不扣也。"当时被盗名墓据史书记载就有晋灵公墓、齐景公墓、管仲墓、吴王阖闾墓、魏襄王墓、魏安釐王墓、魏哀王墓、赵简子墓等。

秦汉时期，厚葬风越刮越大，而盗墓风也愈演愈烈。西汉诸陵无一幸免，如汉文帝的霸陵、汉武帝的茂陵，以及汉宣帝的杜陵曾多次被盗。东汉末年，董卓和吕布对东汉皇帝的陵墓几乎盗掘殆尽。除皇陵外，众诸侯及一些名人冢墓也多被盗掘，如长沙王吴芮冢、刘表墓、梁孝王墓、董仲舒母亲的冢墓等。两晋南北朝有记载的被盗的名人墓如刘备墓、孙策墓、吕蒙墓、诸葛瑾墓、东晋大臣桓温墓、南朝陈武帝陈霸先墓均被盗掘。

唐朝皇陵集中在关中。除高宗李治和武则天的乾陵之外，其余十七陵全被五代后梁的静胜军节度使温韬盗掘。

北宋九帝，除徽、钦二帝被金国囚死漠北之外，其余皇陵屡遭盗发。北宋灭亡后，先被伪齐皇帝刘豫派兵盗掘。金朝末年，太祖赵匡胤陵又遭盗发。金朝灭亡后，蒙古人又踏进巩县宋陵，将陵园"尽犁为墟"。南宋六陵（宋高宗永思陵、孝宗永阜陵、光宗永崇陵、宁宗永茂陵、理宗永穆陵、度宗永绍陵）遭遇更惨。南宋景炎二年（1277年），元世祖忽必烈派西藏僧人杨琏真伽为江南释教总摄，此僧与绍兴天衣寺奸僧一起，先公开盗掘孝宗第二子赵恺之墓，又于1285年11月盗掘六陵及皇后、大臣陵墓，获珍宝不计其数。杨琏真伽割下宋理宗的头颅，用颅盖饮酒取乐。这个凶僧于盗墓后的第七年被抄家斩首。

最幸运的是明陵十三陵，历经数百年，竟全未被盗，实属怪事。清东西陵的九座帝陵中，裕陵、定东陵、崇陵以及妃嫔园寝，在民国时都遭到大规模的盗掘。

知识链接

龙虎山的悬棺

传说，江西贵溪龙虎山的悬崖棺是上古时期百越族先民遗留下来的。那放置在高高陡峭绝壁上的崖棺有一个神秘离奇的故事，至今还在民间流传着。

在很久很久以前，有一个靠卖棺材发财的棺材铺老板，一天，他用一只木船装了十几个棺材，要从山谷通过一条水路运到城里去卖。木船上满载着棺木在芦溪河上顺水而下，当木船漂到龙虎山畔时，老板望到悬崖上的岩洞口放着一个很漂亮的棺木，便忙叫船夫把船靠近一些，想看个究竟。原来那是一个上等的楠木凿成的寿棺。他心里想，那棺材好看，如果给我年迈的父亲作为寿棺该有多好啊！正在这时，有一位云游的神仙路过龙虎山，见这老板颇有一份孝心，便施展法术刮了一阵清风，那楠木寿棺便轻轻地飘落到这老板的船上来。那老板本来是站在老远观望，这下突然站在眼前近看，他高兴极了，围着那楠木寿棺绕了一圈，果然是棵巨大的楠木凿成的。他越看越喜欢，舍不得走开了。他又一想，自己已年过半百，这上等的楠木寿棺，还是留给我自己享用吧！父亲的寿棺就在自己的棺材铺里挑一副好的也就可以了。

棺材铺的老板刚想到这里，那云游的神仙发觉他的那份孝心是假的，贪财不嫌多，死了还想睡好楠木棺材。云游的神仙生气了，他要对这个不忠不孝见好就食的孽种给予惩罚。于是再一次施展法术，只见他口里念念

第五章 古代墓葬与墓地

有词，把手一挥，芦溪河的风顿时把船上的棺材全部刮到悬崖洞里去了。这贪得无厌的棺材铺老板呢，船也翻了，人也死了，落得个人财两空。

图片授权
全景网
壹图网
中华图片库
林静文化摄影部

敬　启
　　本书图片的编选，参阅了一些网站和公共图库。由于联系上的困难，我们与部分入选图片的作者未能取得联系，谨致深深的歉意。敬请图片原作者见到本书后，及时与我们联系，以便我们按国家有关规定支付稿酬并赠送样书。
　　联系邮箱：932389463@qq.com

参考书目

1. 徐吉军．中国丧葬史．武汉：武汉大学出版社，2012．
2. 刘永连．突厥丧葬风俗研究．南宁：广西师范大学出版社，2012．
3. 张捷夫．丧葬史话．北京：社会科学文献出版社，2011．
4. 薛理勇．丧葬习俗．上海：上海文化出版社，2011．
5. （比）钟鸣旦，张佳译．礼仪的交织——明末清初中欧文化交流中丧葬礼．上海：上海古籍出版社，2009．
6. 李劭南．当代北京丧葬史话．北京：当代中国出版社，2009．
7. 陈华文，陈淑君．吴越丧葬文化．北京：华文出版社，2008．
8. 江新建．佛教与中国丧葬文化．湖南：湖南人民出版社，2008．
9. 陈淑君，陈华文．民间丧葬习俗．北京：中国社会出版社，2008．
10. 陈华文．丧葬史．上海：上海文艺出版社，2007．
11. 李少林．中华丧葬．中华民俗文化．呼和浩特：内蒙古人民出版社，2006．
12. 张剑光．入土为安——图说古代丧葬文化．南京：江苏广陵书社有限公司，2004．
13. 周苏平．中国古代丧葬习俗．西安：陕西人民出版社，2004．
14. 李如森．汉代丧葬礼俗．沈阳：沈阳出版社，2003．
15. 冯智．雪域丧葬面面观．西宁：青海人民出版社，1998．

中国传统民俗文化丛书

一、古代人物系列（9本）
  1. 中国古代乞丐
  2. 中国古代道士
  3. 中国古代名帝
  4. 中国古代名将
  5. 中国古代名相
  6. 中国古代文人
  7. 中国古代高僧
  8. 中国古代太监
  9. 中国古代侠士

二、古代民俗系列（8本）
  1. 中国古代民俗
  2. 中国古代玩具
  3. 中国古代服饰
  4. 中国古代丧葬
  5. 中国古代节日
  6. 中国古代面具
  7. 中国古代祭祀
  8. 中国古代剪纸

三、古代收藏系列（16本）
  1. 中国古代金银器
  2. 中国古代漆器
  3. 中国古代藏书
  4. 中国古代石雕
  5. 中国古代雕刻
  6. 中国古代书法
  7. 中国古代木雕
  8. 中国古代玉器
  9. 中国古代青铜器
  10. 中国古代瓷器
  11. 中国古代钱币
  12. 中国古代酒具
  13. 中国古代家具
  14. 中国古代陶器
  15. 中国古代年画
  16. 中国古代砖雕

四、古代建筑系列（12本）
  1. 中国古代建筑
  2. 中国古代城墙
  3. 中国古代陵墓
  4. 中国古代砖瓦
  5. 中国古代桥梁
  6. 中国古塔
  7. 中国古镇
  8. 中国古代楼阁
  9. 中国古都
  10. 中国古代长城

11. 中国古代宫殿
12. 中国古代寺庙

五、古代科学技术系列（14本）

1. 中国古代科技
2. 中国古代农业
3. 中国古代水利
4. 中国古代医学
5. 中国古代版画
6. 中国古代养殖
7. 中国古代船舶
8. 中国古代兵器
9. 中国古代纺织与印染
10. 中国古代农具
11. 中国古代园艺
12. 中国古代天文历法
13. 中国古代印刷
14. 中国古代地理

六、古代政治经济制度系列（13本）

1. 中国古代经济
2. 中国古代科举
3. 中国古代邮驿
4. 中国古代赋税
5. 中国古代关隘
6. 中国古代交通
7. 中国古代商号
8. 中国古代官制
9. 中国古代航海
10. 中国古代贸易
11. 中国古代军队
12. 中国古代法律
13. 中国古代战争

七、古代文化系列（17本）

1. 中国古代婚姻
2. 中国古代武术
3. 中国古代城市
4. 中国古代教育
5. 中国古代家训
6. 中国古代书院
7. 中国古代典籍
8. 中国古代石窟
9. 中国古代战场
10. 中国古代礼仪
11. 中国古村落
12. 中国古代体育
13. 中国古代姓氏
14. 中国古代文房四宝
15. 中国古代饮食
16. 中国古代娱乐
17. 中国古代兵书

八、古代艺术系列（11本）

1. 中国古代艺术
2. 中国古代戏曲
3. 中国古代绘画
4. 中国古代音乐
5. 中国古代文学
6. 中国古代乐器
7. 中国古代刺绣
8. 中国古代碑刻
9. 中国古代舞蹈
10. 中国古代篆刻
11. 中国古代杂技